Hannelore Pieper-Wöhlk · Dieter Wöhlk

KIEL

DER DREIFACHE BLICK

- ***vor 1900***
- ***1900 bis 1950***
- ***heute***

HERKULES VERLAG

Zum Titel

Die über 750 Jahre alte, vielfach umgebaute, ergänzte, nach dem Zweiter Weltkrieg wieder aufgebaute Nikolai-Kirche zählt nicht nur zu den ältesten Gebäuden Kiels, sondern wie das Kieler Schloss zu den bedeutendsten Bauwerken der Landeshauptstadt überhaupt. Auf sämtlichen alten Darstellungen seit 1625 ist die Nikolai-Kirche gut sichtbarer Mittelpunkt der auf einer Halbinsel geplanten und erbauten Altstadt. Nachdem um 1900 durch Abriss historisch bedeutender alter Häuser der Blick auf die Eingangsfront frei wurde, bildete die Kirche zusammen mit den Persianischen Häusern eine der markantesten Kieler Ansichten.
Innenraum der Nikolai-Kirche, deren 3 Außenansichten auf dem Titel zu sehen sind

Die Ansichten von links: Mitte des 19. Jahrhunderts, nach dem Umbau um 1880, und der heutige Zustand mit modern wieder aufgebautem Innenraum, der durch seine Schlichtheit die zahlreichen alten Kunstwerke besonders gut zur Geltung bringt

Mit der Zerstörung aller noch auf dem Markt verbliebenen Bauten im Bombenkrieg entstand nach 1945 die völlig neue Situation eines freien Platzes, wie es ihn vorher seit Jahrhunderten nicht gegeben hatte. Dieser Zustand währte bis 1971/72, als der Markt,weitgehend alten Baufluchten folgend, in moderner Weise als Fußgängerzone wieder bebaut wurde. Die heutige äußere Form der Nikolai-Kirche folgt dem Zustand vor 1880, wenn auch ohne die markanten Ecktürmchen. In einer Seitennische der Kirche befindet sich seit 1954 die Barlach-Skulptur „Geisteskämpfer“, die von 1928 bis 1937 an der Heiligengeistkirche stand.

Bildnachweis

Die historischen Fotos stammen aus dem Archiv Pieper-Wöhlk, die aktuellen Fotos von den Verfassern.
Ausahmen: Seite 19 oben rechts Friedrich Magnussen
Seite 31 oben rechts Heinz Wöhlk
Seite 45 oben Schleswig-Holsteinischen Landesbibliothek Kiel

1. Auflage 2010

Druck und buchbinderische Verarbeitung:

Buchproduktion Finidr, s.r.o., Český Těšín

34128 Kassel, Richard-Strauß-Straße 33, Tel. (0561) 9 37 17 38

www.herkules-verlag.de
ISBN: 978-3-941499-55-3

Einleitung

Im April 1990 meldeten die Kieler Nachrichten: „Kiel war einst wichtiger als bisher angenommen!" Diese Einschätzung war wohlbegründet, denn bei Ausgrabungen hatte man umfangreiche Überreste von drei historischen Befestigungssystemen gefunden: einen Palisadenzaun aus Eichenpfählen, eine Feldsteinmauer sowie Teile eines Befestigungssystems aus Backsteinen mit Mauern, Türmen und Brücken, letztere kennen wir schon lange von alten Stichen aus der Zeit des 16. Jahrhunderts. Diese Stiche wie auch alte Gemälde sowie zahlreiche erhaltene Fotografien, aufgenommen zwischen 1859 und 1900, vermitteln uns über die Stadtmauern hinaus einen umfangreichen Eindruck davon, wie die Gebäude der Altstadtinsel und ihre unmittelbare Umgebung vor dem Eintritt ins 20. Jahrhundert ausgesehen haben. Nachdem bereits in der ersten Hälfte des 19. Jahrhunderts durch Industrialisierung, vor allem aber durch den Eisenbahnanschluss Kiels nach Altona und die Fährlinien nach anderen Ostseehäfen, die Stadt einen erheblichen Aufschwung erfahren hatte, kam es nach der preußischen Annexion im Jahr 1867 zu einem ersten grundlegenden Wandel der Bebauung in Altstadt und Vorstadt sowie einer umfangreichen Ausdehnung der Stadt über die bisherigen Grenzen hinaus. Als Reichskriegshafen des neuen Deutschen Reiches wurde Kiel ohne Rücksicht auf alte Bausubstanz zur Großstadt umgestaltet. Wenige Jahre später sank dann in den Bombennächten des Zweiten Weltkrieges vor allem im innerstädtischen Bereich das gerade erst neu Erbaute zusammen mit Überbleibseln aus der Zeit vor 1900 fast vollkommen in Schutt und Asche: Das Stadtbild der Großstadt Kiel der Kaiserzeit hatte aufgehört zu existieren. So ergab sich nach 1945 die Notwendigkeit eines Neuaufbaus, der wenig Altes verschonte und gleichzeitig versuchte, Fehler der Vergangenheit zu vermeiden.

Das vorliegende Buch zeichnet anhand von repräsentativen Ansichten der Alt- und Vorstadt die Entwicklung Kiels über mehr als 150 Jahre in drei Schritten nach. Dabei werden zwei alte Ansichten, jeweils eine von vor 1900 sowie eine aus der ersten Hälfte des 20. Jahrhunderts, einem aktuellen Foto gegenübergestellt, wobei – soweit irgend möglich – gleiche oder ähnliche Blickwinkel und Standorte gewählt wurden. Wo nötig und sinnvoll, ergänzen dies zusätzliche Bilddokumente (z. B. von Kriegszerstörungen, Innenansichten, Detailaufnahmen), außerdem hilft ein Stadtplan-Ausschnitt aus den 1920er Jahren, die verschiedenen Standorte stadtgeographisch zuzuordnen. So erhält der Leser die Möglichkeit, die Veränderung des Stadtbildes über die Jahrzehnte nachzuvollziehen, zu vergleichen und zu bewerten.

Vergleicht man die im Buch gegenübergestellten Ansichten insgesamt, so wird zum einen deutlich, dass trotz erheblicher städtebaulicher Eingriffe die Förde, die Kiel den Namen gegeben hat, zusammen mit ihren an der Oberfläche abgetrennten Teilen Bootshafen und Kleiner Kiel ihre große Bedeutung auch für das innerstädtische Stadtbild beibehalten hat. Zum anderen erkennt der Betrachter der Bilder, dass die gravierenden Einschnitte in das Stadtbild insgesamt bereits Ende des 19. Jahrhundert erfolgten. Damals schon wurde die Bausubstanz des alten Kiels in kurzer Zeit ohne zwingende Notwendigkeit zum großen Teil zerstört. Im Bombenkrieg wurden dann große Teile der gründerzeitlichen Bebauung wiederum dem Erdboden gleich gemacht, so dass nach 1945 ein weitgehend moderner und dem Zeitgeschmack folgender Neuaufbau unverzichtbar schien. Hierbei wurde zwar leider weiteres Erhaltenswertes zerstört, aber immerhin die mittelalterliche Struktur der Altstadtinsel bis auf wenige unrühmliche Ausnahmen kaum verändert, was für eine Stadt der Größe Kiels eher selten ist.

So soll das Buch den Leser anregen, ggf. zusätzlich zu einer Altstadt- oder Vorstadtwanderung, durch einen dreifachen Blick auf das Kiel von heute, gestern und vorgestern außergewöhnliches Altes und Neues, Vergangenes und Erhaltenes neu zu entdecken oder wieder in Erinnerung zu rufen und sich ein eigenes Urteil über den Innenstadtbereich Kiels zu bilden.

Hannelore Pieper-Wöhlk
Dieter Wöhlk
Kiel, 2010

Stadtplanausschnitt Altstadt – Vorstadt 1920er Jahre

Der Ausschnit aus einem Stadtplan der 1920er Jahre zeigt den Teil Kiels, von dem das vorliegende Buch handelt. Die Zahlen weisen auf die entsprechenden Seiten hin. Im ersten Teil (Seite 5 bis 27) wird die Altstadtinsel betrachtet, dann geht es von Holstenbrücke, Kehdenbrücke und Bootshafen zur Vorstadt (28 bis 39). Am Schluss steht der überwiegend nicht zur Altstadt zählende Bereich mit Schloss, Schlossgarten und Kunsthalle (Bild 40 bis 44).

Die Kieler Stadtbefestigungen

16. Jahrhundert

Die Altstadt-Halbinsel war bis ins 16. Jahrhundert geschützt von einer Stadtmauer mit Türmen, Toren, Brücken sowie dem noch burgartigen Schloss im Nordosten der Stadt. Neben dieser Backsteinmauer gab es zu früheren Zeiten zunächst einen Palisadenzaun aus Eichenpfählen, später eine Feldsteinmauer aus mächtigen Findlingen. Allein das Vorhandensein dieser Befestigungen stellt die Behauptung, Kiel sei eine unbedeutende Stadt gewesen, in Frage. Unbedeutende Städte schützt man nicht so aufwendig, wie das in Kiel über Jahrhunderte der Fall war.

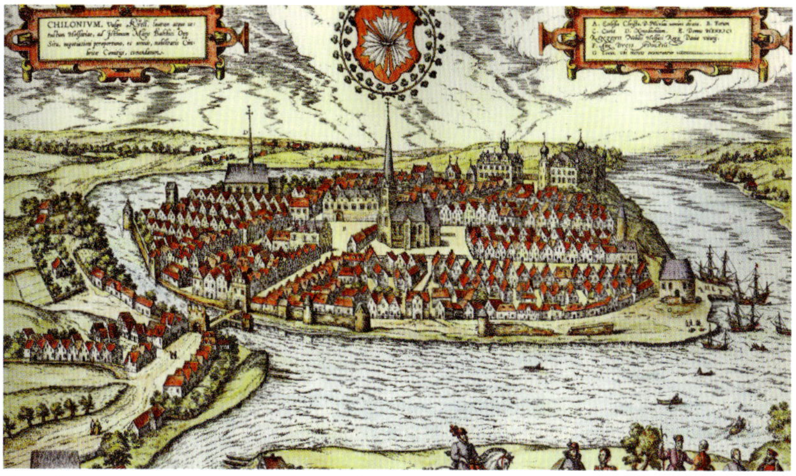

Der Stich von Braun und Hogenberg aus dem Jahre 1588 zeigt die Kieler Altstadt und – links – Teile der Vorstadt

1920

Auf den o. a. Stich übertragen, befindet sich der Mann auf dem linken Foto nahe der Förde etwas südlich vom Schloss. Hier war schon im Jahr 1554 eine Straße „by de muren" genannt worden, seit 1799 trug sie den Namen „Hinter der Mauer", ein Name, der nach dem Zweiten Weltkrieg verschwand, da die Straße vollständig überbaut wurde. Bei Ausgrabungen in den 1980er und 1990er Jahren legte man in der Altstadt u. a. große Teile der drei alten Stadtbefestigungen frei.

Die Reste der Stadtmauer der dritten Generation (Backsteinmauerwerk); sie wurde bis 1902 abgebrochen

Bei Ausgrabungen in der Kieler Altstadt Ende des letzten Jahrhunderts wurden u. a. auch große Teile der alten Stadtbefestigungen freigelegt, die allerdings leider bis heute nicht der Allgemeinheit zugänglich gemacht wurden.

2009

Heute finden wir an der Stelle der Straße „Hinter der Mauer", die parallel zwischen dem Wall und der 1965 beschlossenen Eggerstedtstraße verlief, das Landes-Funkhaus Kiel des NDR sowie einen Geschäfts- und Parkhaus-Komplex. Nördlich vom Schloss mündete „Hinter der Mauer" in die Straße „Zum Kuhfelde", nach Süden schloss sich die „Torstraße" an, beide verliefen ebenfalls parallel zum Wall und sind heute verschwunden.

Funkhaus, Eggerstedtstraße und Nikolai-Kirche, Herbst 2009

Altstadt und Vorstadt aus der Vogelperspektive

Diese Darstellung der Kieler Altstadt stammt aus der Mitte des 19. Jahrhunderts und zeigt links die Altstadt mit der Nikolai-Kirche. Mit der Eisenbahn begann die Stadt, sich erheblich nach Süden im Bereich der Vorstadt auszudehnen

1850

Die Förde – die Bildmitte beherrschend – mit der noch nicht verkleinerten Hörn rechts im Vordergrund, war vor 150 Jahren an ihrem Ostufer nur spärlich besiedelt. Das Stadtgebiet aus Altstadt und sich bereits entwickelnder Vorstadt beschränkten sich noch auf das Westufer. Dieser Blick hat sich bis zum Anfang des 19. Jahrhunderts nur unwesentlich verändert. Links die neue Eisenbahn nach Altona („Christian VIII. Ostseebahn") wurde auf Stichen dieser Zeit gerne deutlich ins Bild gesetzt, denn sie sorgte nach 1844 für einen ersten großen wirtschaftlichen Aufschwung der Stadt und war außerordentlich beliebt. Rechts sehen wir erste Industrieansiedlungen auf dem Ostufer.

2009

Durch den im Vordergrund zu sehenden Hauptbahnhof, das Hochhaus der Seehafen GmbH (rechts entstehen gerade die Neubauten für die Erweiterung des Schwedenkais), aber auch die weißen Bauten des Uni-Klinikums – früher das Gelände der gesamten Universität – hat sich in den letzten Jahrzehnten der Eindruck von Altstadt und Vorstadt nicht nur im Detail, sondern auch im Überblick von erhöhtem Standort erheblich verändert. Dennoch kann man sich dank der Nikolai-Kirche und Förde auf dem Foto noch recht gut orientieren.

Deutlich zeigt der Blick vom Fernsehturm aus, wie wenig sich die Altstadt heute selbst aus einer Höhe von über 100 m von den umgebenden Häuserzeilen abhebt

Blick auf die Altstadt (im Hintergrund), davor Teile der Vorstadt mit dem Bahnhofsviertel

1920er

Das Bild zeigt gleichzeitig Erhaltenes wie auch starke Veränderungen: Die Häuser sind im Verhältnis zur Nikolai-Kirche in der Altstadt deutlich größer, was auch weitere Vergleiche zeigen werden. Die großstädtische Vorstadt hat durch den neuen Hauptbahnhof (rechts vorne) mit repräsentativen Plätzen an drei Seiten, Hansa-Hotel und St.-Jürgens-Kirche sowie zahlreichen Einkaufsmöglichkeiten, Banken und Bürohäusern die Altstadt nicht nur optisch etwas in den Hintergrund gedrängt.

Die Persianischen Häuser

1860er

Auf den ersten Blick unterscheidet sich dieses Bild vor 1870 kaum von späteren Ansichten. Es steht allerdings noch die Alte Feste (ganz rechts am Bildrand), die Nikolaikirche hat noch das hohe Satteldach – wie heute wieder – und die Persianischen Häuser sind noch vollständig. Die aus fünf Häusern bestehende Gebäudezeile war zwischen 1631 und 1638 aus Materialien erstellt worden, die als Baustoffe für Speicher des dann doch nicht zustande gekommenen Handels mit Persien vorgesehen waren.

Alt-Kiel-Ansichtskarte: Zustand vor 1870

1930er

Diese Ansichtskarte zeigt die vier verbliebenen Persianischen Häuser vor dem Ersten Weltkrieg. Sie waren in erster Linie Wohnhäuser, enthielten allerdings bereits im 19. Jahrhundert im Erdgeschoss kleine Läden. Die vier Häuser trugen die Hausnummern Markt 16, 17, 18, 19 und gehörten der Stadt Kiel. In den Läden befanden sich Ende 1939 u. a. ein Strickwarenladen, ein Photo-Atelier, ein Dentist, eine Samenhandlung, ein Handschuhladen, ein Uhrmacher sowie ein Tabakwarenladen. Das fünfte Haus (Markt 15) stand links und hatte weitgehend dem Haus Markt 16 geglichen.

Alt-Kiel-Ansichtskarte mit den vier von ursprünglich fünf bis 1944 erhaltenen Persianischen Häusern

Rückseite der Persianischen Häuser um 1900 aus einer Nostalgie-Ansichtskarten-Serie über Alt-Kiel

Der Pavillon steht etwa an der Stelle der Persianischen Häuser, ohne auch nur annähernd deren Charme und Originalität zu besitzen

2009

In den Pavillon vor der Nikolai-Kirche zog 1972 ein Kieler Traditionsbetrieb aus der Holstenstraße ein: die Musikalienhandlung Kihr-Goebel. In den 1960er Jahren war die Firma die führende Adresse in Kiel, wo sich Jugendliche die neuesten Schallplatten an einer Theke anhören konnten und der Klassikliebhaber in einer schalldichten Kabine mit bequemen Sitzen Opern oder Konzerte auswählte. Nach wenigen Jahren musste Kihr-Goebel wieder zurück in die Holstenstraße, 1983 zog die Buchhandlung Weiland ein, um schließlich einem Fahrradhändler Platz zu machen.

Altes Rathaus 1896 mit Markttreiben, rechts fällt der Blick auf die Rosenstraße, links auf die ersten Häuser der Holstenstraße

Das Alte Rathaus in den 1930er Jahren

Das Alte Rathaus Kiels

vor 1896

Das Alte Kieler Rathaus stammte aus dem 15. Jahrhundert und war somit rund 500 Jahre weltlicher Mittelpunkt des Lebens der Stadt. Bereits im Jahr 1596 wurde es umgebaut, weitere Veränderungen erfuhr es 1670. Mit der Entfernung von Giebeln, eines Treppenturms und dem Einbau von Fenstern in die meisten Bögen des Ganges im Erdgeschoss erhielt es im Jahr 1845 das Gesicht, das auf unserem Foto von 1896 zu sehen ist.
Eine Gedenktafel erinnerte seit 1873 am Alten Rathaus an den 24. März 1848, als sich Schleswig-Holstein im Kieler Rathaus eine eigene Regierung gab mit dem Ziel der Unabhängigkeit, verbunden mit mehr Rechten für die Menschen im Lande.

1930er

Mit der preußischen Annexion und dem Ausbau Kiels zum Reichskriegshafen genügte das Alte Rathaus nicht mehr den Ansprüchen der Zeit. Zwischen 1907 und 1911 entstand auf dem Grundstück des ehemaligen Gaswerkes ein für die damalige Zeit überdimensionierter protziger Gebäudekomplex für die Verwaltung der Stadt.

Das Alte Rathaus blieb jedoch am Markt erhalten bis zur vollständigen Zerstörung der oberirdischen Gebäudeteile im Zweiten Weltkrieg am 13. Dezember 1943.

2009

Dort, wo das Alte Rathaus bis 1943 stand, wurde nach dem Krieg zunächst ein Parkplatz (mit Parkwärter „Onkel Ludwig") eingerichtet. Dabei wurde ein Teil der bis dahin unversehrten Kellergewölbe zerstört. Mit der Neugestaltung 1971/72 bezog man den Alten Ratsweinkeller in die neue, moderne Gastronomie ein. Besonders bei Gästen, die mit einer der Fähren nach Kiel kommen, ist der Bereich des Alten Marktes wegen seiner vielfältigen Restaurants und Kneipen außerordentlich beliebt.

Über den im Krieg weitgehend nicht zerstörten Gewölben des Alten Ratsweinkellers (siehe kleines Foto) erhebt sich seit 1971/72 ein moderner Pavillonbau

Der Ratsweinkeller in den 1930er Jahren

Gewölbe des Alten Rathauses heute

Alter Markt: die Alte Feste

Wie wichtig man Anfang des 20. Jahrhunderts die Alte Feste einschätzte, zeigt sicher auch, dass sie in einer der Alt-Kiel-Fotoserien die Nr. 1 war

1877

Mal mit V, mal mit F geschrieben, war der Fachwerkbau aus dem 16. Jahrhundert rechts neben dem Alten Rathaus zunächst einmal Ort des Kieler Polizeigefängnisses, das sich im ersten Stock befand. Darunter befanden sich die Verkaufsstände der Kieler Schlachter, die sogenannten „Schlachterschrangen". 1877 wurde die Feste abgerissen. Zur Erstellung der Fotoserie des Kieler Fotografen Gregor Renard kamen damals zahlreiche Schaulustige, u. a. auch zwei Ellerbeker Fischersfrauen (auf dem Foto links).

Das Foto von Anfang des 20. Jahrhunderts zeigt den Platz, wo einst die Feste stand

Am Ort der Alten Feste entstand Anfang der 1970er Jahre ein Restaurant

1920er

Der Platz der Alten Feste neben dem Alten Rathaus blieb fast 100 Jahre unbebaut, sodass man den freien Blick auf die Rosenstraße und die Mündungen der Küterstraße und der Kehdenstraße zum Markt hatte. Mit den Zerstörungen der historischen Bebauung des Alten Marktes im Zweiten Weltkrieg entstand in Kiels Altstadt-Mitte eine Situation, die es über Jahrhunderte nicht gegeben hatte: ein von Bebauung fast völlig freier Markt, was viele Kieler noch heute als normal empfinden, obwohl dies nur gut 25 Jahre so gewesen war.

2009

Während man in vielen anderen Städten die im Bombenhagel zerstörten historischen Gebäude rekonstruierte, beschloss man in Kiel, einen anderen Weg zu gehen: Wie schon in den Jahrhunderten zuvor baute man Zerstörtes im Stil und mit den Mitteln der jeweiligen Zeit wieder auf. Auf dem Alten Markt folgte die Neugestaltung zu den Olympischen Segelwettbewerben 1972 in radikal moderner Form, allerdings überwiegend den alten Bauplätzen und -fluchten folgend.

Nordwestseite des Alten Marktes

1859

Während die Seiten des Alten Marktes, wo die Nikolai-Kirche steht, die Persianischen Häuser und das Alte Rathaus standen, durch zahllose Ansichtskarten auch heute noch einen relativ hohen Bekanntheitsgrad genießen, ist die Geschichte der anderen, weniger spektakulären Seiten des uralten Marktplatzes im Zentrum der Altstadt weitgehend vergessen. Dies gilt für die erste Hälfte des 20. Jahrhunderts genauso wie für die Jahrzehnte davor. Mitte des 19. Jahrhunderts standen hier ähnliche kleine Giebelhäuser wie neben den Persianischen Häusern, z. T. verdeckt durch die Alte Feste (links im Foto).

Eines der ältesten Fotos der Altstadt stammt aus dem Jahr 1859 und zeigt ein Schiller-Denkmal, das anlässlich des 100. Geburtstages des Dichters vorübergehend in der Nordwestecke des Marktes stand

1930er

Rund 70 Jahre später ist der Markt zunehmend von Verkehrsmitteln geprägt: PKWs, Motorräder und Kleinlaster. Taxen („Kraftdroschken") warten auf zahlungskräftige Kundschaft. Die Bebauung wirkt überwiegend großstädtisch, jedoch mit stark voneinander abweichenden Geschosshöhen. Hier befanden sich damals traditionsreiche Geschäfte wie die Stadtbäckerei Lange oder das Haushalts- und Spielwarenkaufhaus Johannsen & Schmielau, Läden die heute längst Geschichte geworden sind.

Blick von den Persianischen Häusern auf die Nordwestzeile des Marktes, links das Alte Rathaus mit Taxistand

2009

Von den Häusern der Vorkriegszeit sind nur zwei übrig geblieben, das von Johannsen & Schmielau ganz rechts allerdings in stark vereinfachter Form. Da der Markt seit den 1970er Jahren fast ausschließlich den Fußgängern vorbehalten sein sollte, hatte man damals den inneren Bereich gegenüber den umgebenden Straßen stark abgesenkt und mit sehr rustikaler Pflasterung versehen. Dies wurde wegen erheblicher Kritik aus der Bevölkerung 1992 moderat korrigiert, der Innenraum leicht angehoben und mit einem „gehfreundlicheren" Belag versehen. Die diesbezügliche Kritik ist verstummt, während die Pavillonbauten bis heute nur bedingt akzeptiert sind.

Die Neubebauung des Marktes 1971/72 verdeckt die Nordwest-Ecke weit mehr, als dies je der Fall war. Der Alte Markt als Parkplatz war allerdings auch keine besonders schöne Lösung

Dieses Alt-Kiel-Foto zeigt (von links) die Häuser Markt 9, 10 und 11, zwischen den beiden letzten mündete die Haßstraße ein

1891

Bis 1902 war der Markt Ort des Kieler Wochenmarktes, der damals nur wenige Stände in der Art hatte, wie wir sie von heutigen Wochenmärkten kennen. Viele der Händler boten die Waren in Körben oder Kisten an, die direkt auf dem Pflaster standen. 1903 zog der Wochenmarkt zum Exerzierplatz um und bekam Konkurrenz von weiteren Märkten in anderen Stadtteilen. Das Haus 11 beherbergte von 1642 bis heute eine Apotheke, die 1712 den Namen Hof-Apotheke bekam und seit 1827 der Familie Rüdel gehörte. Aus der Dänischen Straße kommt gerade ein Wagen der 1881 eingeführten Pferdebahn.

Alter Markt: Hof-Apotheke - Haßstraße

1900

Dieser Ansichtskartenausschnitt der 1930er Jahre zeigt links das Alte Rathaus und daneben im Hintergrund (von links) den Neubau der Firma Johannsen & Schmielau, das erhaltene alte Haus 10, daneben den Neubau von 1893 mit der Hof-Apotheke. Noch ist die Haßstraße direkt mit dem Markt verbunden. Die Pferdebahn ist inzwischen (1896) durch die elektrische Straßenbahn ersetzt worden.

Wenige Jahre später sind die Häuser 9 und 11 (rechte Bildhälfte) durch Neubauten ersetzt worden, nur das Haus 10 ist noch verblieben

Heute ist der Alte Markt mit Bäumen versehen worden, wodurch die Sicht auf die Bebauung im Sommerhalbjahr erheblich erschwert wird

2009

An der Stelle der Häuser 10 und 11 steht heute ein durchgehender Neubau aus den Jahren 1949 und 1950, in dem sich wieder eine Hof-Apotheke befindet. Der Neubau ist, wenn die Bäume Blätter tragen, von der gegenüberliegenden Marktseite kaum auszumachen, zumal hier täglich einige Marktstände an historischer Stelle vor allem Obst und Gemüse anbieten. Wer seit 1949 vom Alten Markt zur Haßstraße will, muss den Umweg über die Dänische und die Falckstraße gehen.

Die Straßenbahn fuhr bis 1967 (Linie 1) bzw. 1969 (Linie 2) quer über den Markt von der Dänischen Straße zur Pfaffenstraße (bis Anfang der 1950er in die Holstenstraße)

Alter Markt: Tanzsaal – Wache (Nordostecke)

Gegenüber der Alten Feste an der Nordostecke (Einmündung der Dänischen Straße) des Marktes befand sich der sogenannte Tanzsaal, benannt nach dem Tanzsaal im Obergeschoss, abgerissen 1895/96

1890

Ein weiteres Stück Alt-Kiel, das nach der preußischen Annexion sang- und klanglos abgerissen wurde, war der Tanzsaal. Das Gebäude diente seit 1771 als Hauptwache, später als Schule und in den letzten Jahren vor dem Abriß als Polizeiwache. Die auf vier Säulen ruhende Eingangsüberdachung wurde schon Jahre vor dem Abriss entfernt. Rechts daneben sieht man die beiden Häuser Markt 13 und 14 mit ihren Renaissance-Giebeln, diese Häuser ereilte dasselbe Schicksal wie den Tanzsaal.

Etwa der gleiche Blick Anfang des 20. Jahrhunderts: Die Veränderungen betreffen nicht nur die Bebauung, sondern auch die Verkehrsmittel – vor allem die elektrische Straßenbahn (seit 1896)

1905

Wie viele andere Städte erhielt Kiel um 1900 herum ein neues Gesicht: breitere Straßen, moderne Verkehrsmittel und größere, höhere und repräsentative Häuser. Vor allem Kaufhäuser, Theater, Museen, Bürohäuser, Rathäuser, Banken, Restaurants usw. bestimmten nun das Gesicht der Städte. Dafür musste auch in der Kieler Altstadt die alte, zum Teil marode, aber auch vielfach durchaus intakte wertvolle und jahrhundertealte Bausubstanz weichen. Dies geschah weitgehend ohne Rücksicht auf Befindlichkeiten der Betroffenen, die teilweise kaum Kritik an den Veränderungen übten, teilweise aber auch heftig protestierten.

Der Neubau Markt 12 wurde im Jahr 1959 fertig gestellt

2009

Nur wenig von der gründerzeitlichen Neubebauung des ab 1987 „Alter Markt" statt „Markt" genannten Platzes überlebte den 2. Weltkrieg. Das Haus Markt 12 wurde zerstört, während die beiden Nachbarhäuser weitgehend erhalten blieben und in vereinfachter Form dem benachbarten Neubau in Dachkonstruktion und -höhe angepasst wurden. Das neue Haus 12 (links im Bild) hat eine leicht zu übersehende Besonderheit über der Jahreszahl 1959: Der Erker trägt ein goldenes Dach ähnlich dem berühmten in Innsbruck, nur – typisch Kiel – viel bescheidener und kleiner.

Das „goldene Dach" Kiels

Alter Markt - Ecke Schloßstraße (Südostseite)

Blick in Richtung Schloßstraße: die Häuser Markt 13, 14 und 15. Rechts daneben sehen wir die Persianischen Häuser

1900

Mit dem Blick auf die Südostseite des Alten Marktes schließt sich der Rundgang um den Markt. Die Ecke an der Schloßstraße/Flämische Straße hat um 1900 noch weitgehend ihr Gesicht behalten. Das erste der Persianischen Häuser hat zwar bereits weichen müssen, um den Durchgang zur Flämischen Straße zu erweitern, doch ansonsten hat sich nicht viel verändert. Wie seit Jahrzehnten bietet sich dem Fotografen der Blick auf das Gedränge während der Markttage. Die Schloßstraße behielt noch lange ihr Gesicht aus der vorpreußischen Zeit.

1938

Durch einen Bogen des Alten Rathauses fällt der Blick auf eine veränderte Bauweise der Häuser an der Schloßstraße. Links sehen wir die beiden Neubauten, die die Häuser 13 und 14 ersetzt haben und die später sogar fast den Krieg überstanden.
Aus spitzem Winkel fällt der Blick rechts auf die verbliebenen vier Persianischen Häuser, die am 22. Mai 1944 Opfer der Bomben wurden. Ganz vorne rechts steht im Schatten der Kirche der kleine Pavillon der Firma Lorinki, die nach dem Krieg in die Küterstraße zog.

Durch den Bogen des Alten Rathauses aufgenommen: Veränderte Häuserfassaden an der Schloßstrasse. Das Foto aus dem Jahr 1938 ist von Heinz Kühn, der als Soldat nach Schilksee kam und dort die Tochter des Meieristen heiratete. Heinz Kühn kam im Krieg um und hinterließ eine junge Witwe mit drei Kindern und eine umfangreiche Fotosammlung von Kiel und der Kieler Förde, die er kurz vor Kriegsausbruch zusammengestellt hatte

2008

Hätte man die Persianischen Häuser wieder aufbauen sollen? Zunächst entschied man sich, die Stelle mit Granitsteinen zu markieren, wo die für die Kieler Altstadt so typischen Häuser gestanden hatten. Der Platz innerhalb dieser Steine wurde mit Gras eingesät. Zeitzeugen erinnern sich noch gerne daran, wie schön es war, in den 1950er und 1960er Jahren hier in der Sommersonne liegen zu können. 1971/1972 wurde der Markt grundlegend umgestaltet. Bei der Bebauung mit modernen Pavillons wurde die Grasfläche entfernt. Entgegen der historischen Bauflucht ragt der Pavillon in den Alten Markt hinein.

Fast der gleiche Blick gut 70 Jahre später: Die beiden in vereinfachter Form erhaltenen Neubauten vom Anfang des 20. Jahrhunderts, rechts davor der Pavillon, der ungefähr an der Stelle steht, wo einst die Persianischen Häuser standen

Holstenstraße 1 - Ecke Schumacherstraße

Das Hormann'sche Haus, Holstenstraße 1, kurz vor dem Abriss. Mit ihm zusammen mussten auch die Häuser 3, 5 und 7 dem Bau des Warenhauses Karstadt weichen

Das Kieler Karstadthaus in den 1920er Jahren: Dieses Haus setzte nicht nur bedeutende architektonische Akzente, sondern stellte auch eine völlig neue Art des Kaufens dar: Alles unter einem Dach zu einheitlichen Preisen

1904

Eines der wenigen Fotos des Hauses Holstenstraße 1. – Hormann'sches Haus. Das Haus wird gerne verwechselt mit dem Hosmann'schen Haus, das auf dem Grundstück Holstenstraße 2 stand und dem – im Krieg weitgehend erhaltenen – Jacobsenhaus weichen musste. Das Entstehungsjahr des Hormann'schen Hauses ist nicht genau bekannt, wird aber in der Fachliteratur auf die Zeit kurz nach 1600 datiert. Der doppelt abgestützte Erker und der Laden (Hoflieferant Emil Wriedt) stammen aus einer späteren Umbauphase. Das Haus hat einen ungewöhnlichen Grundriss, weil die Holstenstraße und die Schumacherstraße hier in einem Winkel von ca. 115° aufeinanderstoßen.

1910

Rudolph Karstadt hatte 1881 seine Warenhauskette mit dem Stammhaus in Wismar begründet. Kiel war sein fünfter Standort, das erste Haus befand sich von 1893 bis 1910 in der Schumacherstraße. Der Kieler Neubau Holstenstraße 1, der zusätzlich Teile der benachbarten Grundstücke umfasste, war zeitweise auch Sitz der Konzernleitung. Das neue Warenhaus nahm es an Höhe fast mit dem Dach der Nikolai-Kirche auf und ließ – vor allem zusammen mit dem gegenüberliegenden Jacobsenhaus – das Alte Rathaus erheblich kleiner erscheinen. Beide Warenhäuser veränderten das Gesicht von Markt und beginnender Holstenstraße erheblich und machten diese endgültig zur Haupteinkaufsstraße.

2009

Das neue Karstadthaus wurde im Krieg gut 33 Jahre nach seiner Eröffnung fast völlig zerstört und im Stil der Nachkriegszeit wieder aufgebaut, später um ein Parkhaus ergänzt und dem Zeitgeschmack entsprechend verblendet. Als am 13. März 2010 Karstadt am Alten Markt für immer seine Türen schloss, war die Zahl der Karstadthäuser in Kiel wieder auf zwei (Karstadt am Stresemannplatz und Karstadt Sporthaus, früher Kepa) gesunken. Der gesamte Karstadt-Komplex am Alten Markt soll nun im Herbst 2010 abgerissen und neu bebaut werden.

Das Foto entstand 2009, als die Mitarbeiter von Karstadt am Alten Markt noch Hoffnung hatten, ihren Arbeitsplatz nicht zu verlieren. Es kam anders

Holstenstraße 2

Das Hosmann'sche Haus in den 1860er Jahren

Diese Ansichtskarte dürfte aus dem Jahr 1905 stammen, da das Haus Holstenstraße 1 (Hormann'sches Haus, links) gerade abgerissen worden war

1860

Es ist schon ein bemerkenswerter Zufall gewesen: Im 19. Jahrhundert trugen die beiden ersten Häuser der Holstenstraße fast denselben Namen, Unterschied nur beim 3. Buchstaben: „r" statt „s"!

Das Haus Holstenstraße 2 (Hosmann'sches Haus) war ein besonders malerischer Bau, genau das, was viele Leute in einer Altstadt erwarten. Kein Wunder, dass es neben Fotos auch durch Grafiken und Gemälde, die als Ansichtskarten in den Handel kamen, dargestellt wurde. Es galt als „uralt" (Ansichtskartentext), was als Baujahr vor 1700 zu lesen ist. Es war seit 1820 im Besitz der Kaufmannsfamilie Hosmann. Trotzdem gab es, folgt man den Fotos und Grafiken, keine Läden in dem Haus. Dafür bot es vor allem den Bewohnern im Erdgeschoss ausgezeichnete Sicht auf das Treiben auf der Holsten- (links) und der Rosenstraße (Anfang der Rosenstraße rechts im Bild).

1905

Das Hosmann'sche Haus zeichnete sich – nicht nur für den Fachmann – durch besonders interessante Details am Fachwerk und in der Ornamentik aus. Dennoch musste es Anfang der 1890er Jahre weichen.

1893 wurde an seiner Stelle von Wilhelm Jacobsen ein Warenhaus errichtet (zweites Haus, rechts) – ein Bau, der etwas bescheidener als der von Karstadt war, aber ein besonders imposantes Dach vorzuweisen hatte. Im Bombenkrieg wurde das Haus schwer beschädigt.

2004

Nach dem Krieg mit einem Flachdach versehen, wurde das Jacobsenhaus wieder aufgebaut.

Noch heute spricht man vom „Jacobsenhaus", obwohl das frühere Warenhaus längst Geschichte ist.

Das Jacobsenhaus gehört heute zu den wenigen Häusern in der Holstenstraße, die aus der Zeit um 1900 stammen und nicht durch zeitweise modische vorgehängte Fassaden verunstaltet wurden. In der vorweihnachtlichen Beleuchtung der Holstenstraße kommt seine Fassade besonders gut zur Geltung.

Immer noch ein imposanter Bau: das Jacobsenhaus heute! Nur – wer kennt noch die Herkunft des Namens?

Haßstraße 1: das Telemann'sche Haus

Alt-Kiel-Ansichtskarte mit dem Telemann'schen Haus. Beeindruckend: die ungewöhnlich kunstvolle Fassade

Kaum eines der alten Kieler Adels- und Bürgerhäuser wurde so häufig fotografiert wie das Telemann'sche Haus

1880

Zusammen mit dem Eckhaus Markt 10 gehörte das Haus dem Kaufmannsehepaar Anna und Hinrich Telemann. Der Bau stammte aus dem Jahr 1576 und war berühmt für seine Schnitzereien an der Vorderseite. Hierbei handelte es sich um Halbrosetten (sog. Palmetten), die alle unterschiedlich gestaltet waren, sowie außergewöhnlich fein und präzise ausgeführte Figuren an den Knaggen (Endstücke der Balken). Dazu kamen religiöse Sprüche an zwei der Balken.

1900

Das Haus ist außerdem berühmt geworden durch die Tatsache, dass es zu den wenigen Alt-Kieler Bürgerhäusern gehörte, die den städtischen „Umgestaltungsorgien" der Zeit um 1900 entkamen. Dies lag weniger an der Qualität des Hauses als an der Tatsache, dass es an einer Ecke stand, wo es niemandem im Wege war.
Noch in der Nacht vom 7. auf den 8. Mai 1945 fiel es dann einem Bombenangriff zum Opfer. Teile der Schnitzereien konnten gerettet werden und wurden in Ausstellungen im Stadtmuseum präsentiert.

2010

Am Anfang der vom Markt abgeschnittenen Haßstraße ist heute der Platz, wo das Telemann'sche Haus stand, kaum noch auszumachen. Im Haus Haßstraße 3 bis 5 befindet sich seit 1988 die Kieler Brauerei. Sie wurde als Klosterbrauerei in Erinnerung an die uralte Brautradition an diesem Ort und an das alte Franziskanerkloster gegründet. Eine bayerische Firma ließ per Gerichtsbeschluss diesen Namen verbieten. Dennoch heißt die Kieler Brauerei bei vielen jungen Leuten in Kiel weiterhin kurz „Klose". Das Bier schmeckt sowieso unvergleichlich gut!

Links von dieser Stelle etwa stand das Telemann'sche Haus. Die Durchfahrt der Haßstraße zum Markt ist seit dem Wiederaufbau nicht mehr vorhanden. Die Haßstraße 1 gibt es nicht mehr! Neben dem Gebäude auf dem Foto steht noch der denkmalgeschützte Rest der alten Kieler Synagoge von 1869

Die Kehdenstraße (im Lauf der Zeit auch unter Kedinckstraße oder Kettenstraße geführt) wurde bereits um 1242 angelegt und hatte ihren Namen bekommen von Siedlern, die zur Zeit der Stadtgründung aus Kehdingen an der Elbe gekommen waren (Ansichtskarte aus einer Alt-Kiel-Serie auf der Basis von Steindrucken)

Die Kehdenstraße

1880

Seit 1866/67 hatte die Kehdenstraße die (heute vergessene) Aufgabe, den Markt mit der damals neu gebauten Kehdenbrücke, die über den Wasserarm zwischen Holstenbrücke und Kleinem Kiel führte, zu verbinden. Vorher endete die Kehdenstraße mehrere Grundstücke vom Ufer entfernt an der Faulstraße. Eines der bemerkenswertesten Häuser Alt-Kiels war das Haus Kehdenstraße 4, gut erkennbar an dem Treppengiebel und dem Erker über dem Eingangsportal.

1930

In dem sehr unscheinbaren Haus 6 – auf dem Foto der 1930er Jahre links – wohnte seit den 1890er Jahren Dr. med. Paul Wassily, stadtbekannter Arzt, Wegbereiter der Hömöopathie in Kiel, Kunstsammler und selbst begeisterter Maler, in erster Linie von Landschaftsmotiven. Seine Wohn- und Praxisräume dienten gleichzeitig als Kunstgalerie und Antiquitätenmuseum. Während die Fußböden mit kostbaren Teppichen belegt waren, nutzte Dr. Wassily fast jeden Quadratzentimeter Wandfläche zum Aufhängen von Bildern u. a. Kunstwerken. Sogar die Türen und Außenflächen der Schränke waren vollgehängt. Zum Schluss hatte er mehr als 3000 z. T. wertvolle Bilder zusammengetragen.

2009

Nach 1945 hatte die Kehdenstraße als bebaute Straße aufgehört zu existieren. Beidseitig wurden neue, höhere Gebäude erstellt, die in erster Linie für Geschäfte (im Erdgeschoss) und Büros geplant waren. Dabei wurden wiederholt mehrere ehemalige Grundstücke zu einem einheitlichen Komplex zusammengefasst. Der alte Charakter der Kehdenstraße ging so im Vergleich zu anderen Altstadtstraßen Kiels verloren.

Kehdenstraße Haus 4 (mit Treppengiebel) und Haus 6 (links daneben), letzteres um 1500 erbaut und über die Jahrhunderte Wohnsitz verschiedener Adelsfamilien. 1936 waren fast alle alten Häuser der Kehdenstraße abgebrochen

Kehdenstraße 2 bis 10 heute

Faulstraße

Der genaue Grund ihrer Namensgebung wird vermutlich ungeklärt bleiben, sicher ist nur, dass die hier zu sehenden Häuser in den 1920er Jahren bereits abgebrochen worden waren: Faulstraße 13 bis 17. In einem dieser Häuser wohnte übrigens um 1850 der Dichter Klaus Groth (Ansichtskarte aus einer Alt-Kiel-Serie)

1880

Die Faulstraße (erstmals 1320 genannt) ist eine der parallel zur Stadtbefestigung verlaufenden Straßen. Der Schmutz, den jeder Haushalt produzierte („Vul Tüch"), soll der Straße ihren Namen gegeben haben. Jeder Bürger war früher verpflichtet, vor seinem Haus die Straße rein zu halten, was aber nur sehr bedingt umgesetzt wurde. Dennoch klärt es nicht, warum gerade die Faulstraße so einen „anrüchigen" Namen bekam.

Der Name der Rosenstraße zum Beispiel stammt aus derselben Zeit. Der Namen soll – ironischerweise – ähnlichen Ursprungs sein: Vom stinkenden Abfall der Schlachters herkommend, denn die Rosenstraße lag hinter dem Rathaus und der Alten Feste mit ihren Schlachterläden.

Etwa dieselbe Stelle kurz nach dem Krieg, im Hintergrund das Neue Rathaus und die Nikolaus-Kirche. Die geräumten Freiflächen wurden auf Anweisung von Oberbürgermeister Gayk bepflanzt (sog. „Gayk-Wäldchen")

1945

Was in der Faulstraße die Jahrhundertwende und die 1930er Jahre überdauerte, wurde Opfer des Bombenkrieges. Manche Neubauten in der Altstadt waren nur wenige Jahre alt, als Bomben sie trafen. Tatsächlich ist in vielen Straßen, so auch in der Faulstraße, der Zustand vor 1900 besser dokumentiert als der zwischen 1900 und 1945. Große Flächen der Altstadt und der Vorstadt waren 1945 als Stadtgebiet kaum noch zu erkennen.

Die Faulstraße etwa an der Stelle wie das Bild Ende des 19. Jahrhunderts (Foto 2005)

2010

Nicht wenige Bürger vermuteten, dass es Jahrzehnte dauern würde, den Schutt wegzuräumen, geschweige denn die Stadt neu aufzubauen. Doch auch die Faulstraße erstand relativ schnell neu, im gleichen Bogen wie seit Jahrhunderten schon, von der Holstenstraße über die Kehdenstraße hinweg bis zum Kütertor. Auch hier dominieren Büros und – überwiegend wenig frequentierte – Läden das Bild.

Das Kütertor – die Küterstraße

Nr. 17 der nummerierten Serie Alt-Kiel: Am Kütertor (obwohl es damals schon lange kein Tor mehr gab) – diese Ansicht der Ostseite der Straße wurde vor wenigen Jahren als besonders typisch für Alt-Kiel nachgedruckt

Am 5. Juni 1927 bricht in der Mühle ein Brand aus und droht, auf die daneben gelegene Strickwaren-Fabrik Brill überzugreifen (Foto des in unmittelbarer Nähe wohnenden Fotografen Friedrich Esenwein, Küterstraße 24)

1880

Die Küterstraße stammt aus der Zeit der Stadtgründung. „Küter" bedeutet so viel wie Schlachter. Hier befand sich lange Zeit auch das Zunfthaus der Schlachter (Küterhaus). Das Kütertor hatte ab 1470 einen Turm (Küterthurm), der ursprünglich für eine Mühle gedacht war, aber nie zu einer solchen ausgebaut wurde. Dennoch wurde der Turm auch „Windmüllerthurm" genannt.
Er musste 1785 wegen Baufälligkeit abgebrochen werden.
Später baute man dann doch eine Mühle, deren sechs Flügel neben der Nikolai-Kirche das Wahrzeichen der Kieler Altstadt waren. Sie stand etwa da, wo heute die HSH Nordbank steht.

1927

Mit dem Abbruch des Küterthurms wurde nicht mehr das Kütertor, sondern die Einmündung der Faulstraße als nördliches Ende der Küterstraße bezeichnet – das südliche war natürlich der Markt. Von 1884 bis 1970 reichte die Küterstraße offiziell bis an den Martensdamm heran. Die Bebauung der Küterstraße wurde im Zweiten Weltkrieg vollständig vernichtet.

Die Zufahrt zur Küterstraße, einst das Kütertor – vom Jensendamm aus gesehen, der bis 1970 zum Martensdamm gehörte (Foto Herbst 2009)

Die Küterstraße in den 1920ern kurz vor dem Brand der Mühle

2009

Im unteren Bereich gab es relativ lange Behelfsbauten, in denen verschiedene Läden eingerichtet waren, z. B. der legendäre Buchhändler Werner Plön, der sich frühzeitig auf Taschenbücher und Comics spezialisierte. Die früh errichteten Bauten der LBS Küterstraße/Ecke Jensendamm passten später nicht zu den Planungen der neuen Baufluchten, sollten z. T. abgerissen werden und wurden dann doch durch architektonische Kniffe in die Neubaumaßnahmen integriert.

Fähre und Brücken über den Kleinen Kiel

1850

Heute kann man es sich kaum vorstellen, aber der Kleine Kiel war bis 1887 für denjenigen, der von Norden in die Kieler Altstadt wollte, ein ernst zu nehmendes Hindernis. Zum einen war der Kleine Kiel damals erheblich größer, zum anderen gab es keine Brücke. Stattdessen musste man außen herumgehen oder fahren oder aber ein Fährboot nehmen. Daher hieß die Legienstraße einst Fährstraße (von 1856 bis 1933), ein Name, der aus politischen Gründen 1933 bis 1947 wieder Verwendung fand.

Holzstich der Altstadt um 1850, Blick Richtung Kütertor: Der Martensdamm existiert noch nicht, er wurde erst in den 1880er Jahren angelegt

1887

Die Ansichtskarte von 1900 zeigt nahezu denselben Blickwinkel wie der Holzstich, macht aber auch deutlich, dass zu dieser Zeit Kiel zum Teil noch wenig verändert war gegenüber der Zeit des Dänischen Gesamtstaates, aber andererseits auch schon deutliche Ansätze zu großstädtischem Aussehen aufwies. Vor allem hatte durch die Eingemeindung der nördlich gelegenen Brunswik im Jahr 1869 - die erste Eingemeindung in Kiels Geschichte überhaupt - der Verkehr von Norden in Richtung Altstadt erheblich zugenommen. So wurde 1887 die erste Brücke über den Kleinen Kiel gebaut, eine Brücke, die nur für Fußgänger vorgesehen war.

Die erste von bislang drei Brücken war eine hölzerne Fußgänger-Brücke, die schnurgerade die Berg- mit der Küterstraße verband

1909

Die Holzbrücke hatte insbesondere den Nachteil, dass die Straßenbahn (Ringlinie) den Kleinen Kiel weiter westlich über den Lorenzendamm und die Fleethörn umfahren musste. Die Lösung war eine Eisenbetonbrücke, die auf beiden Seiten Y-förmige Auffahrten hatte: von Norden von der Fährstraße/Legienstraße und der Bergstraße, von Süden von der Küterstraße und vom Martensdamm. Die zunehmende Zahl an Kfz ließ allerdings die Verbindung Bergstraße – Martensdamm – Holstenbrücke zur deutlich wichtigeren Verkehrsader werden.

Ansichtskarte der 1920er Jahre: die Linie 1 (Kanal bis Schulensee) auf der neuen, 1909 fertig gestellten Brücke

2010

2001 war die Eisenbetonbrücke fast 100 Jahre alt und musste durch eine neue, aus Stahl gefertigte Brücke ersetzt werden. Diese Brücke in Stahl-Verbund-Bauweise entspricht im Gegensatz zu ihrer Vorgängerin voll den Anforderungen des modernen Schwerlast- und Omnibusverkehrs. Sie ist sogar bereits zur Aufnahme einer Stadtbahn-Trasse vorgesehen, eine zukunftsorientierte Investition.

Die nach Dr. Emil Lueken (Oberbürgermeister in Kiel von 1920 bis 1933) benannte neue Brücke über den Kleinen Kiel

Die Heiligengeist-Kirche (Klosterkirche)

Die Heiligengeist-Kirche vor ihrem Umbau 1889 bis 1891 (zeitgenössische Grafik)

1889

Zur Zeit der Stadtgründung in den 1240er Jahren wurde in Kiel in unmittelbarer Nähe des Marktes ein Franziskanerkloster gegründet. Diesem Kloster trat auch der Stadtgründer Graf Adolf wenige Jahre vor seinem Tod bei. Zu der Anlage, die vermutlich 1261 fertig gestellt wurde, gehörten ein Kreuzgang, der erhalten ist, und die immer wieder umgebaute und im Zweiten Weltkrieg (am 13. Dezember 1943) weitgehend zerstörte Kirche. Nach den alten Regeln des Ordens war die Kirche bis 1904 mit Ausnahme eines Dachreiters turmlos.

Die Kirche nach 1889/91 und vor 1904: noch ohne richtigen Kirchturm

1904

1530 hob König Friedrich I. von Dänemark das Kloster auf und übergab es der Stadt. Aus dieser Zeit stammt der Name Heiligengeist-Kirche, die von da an auch für Gottesdienste genutzt wurde. Die Räume des Klosters beherbergten nach 1665 bis zu deren Umzug in den Neubau in der Kattenstraße die Universität.

Im Laufe der Jahrhunderte wurde die Kirche regelmäßig umgebaut, wurden kleine Kapellen angebaut, der Innenraum verändert. Trotzdem war die Kirche nach 1867 nicht in dem Zustand, den man einer Reichskriegshafenstadt angemessen fand. Ähnlich der Nikolai-Kirche wurde die ganze Anlage im neugotischen Stil umgebaut und erhielt 1904 einen separat stehenden Turm.

2009

Nach 1950 wurden die verbliebenen Teile der alten Klosteranlage (der Turm von 1904 mit vereinfachtem Helm, eine Seite des Kreuzgangs und das Refektorium) wieder hergestellt und zum „Kieler Kloster“, einem Heim für Theologiestudenten, ausgebaut. 1993 erhielt der Turm ein Carillon mit 49 Glocken, die alten Fundamente der Klosterkirche wurden im Garten der Anlage deutlich sichtbar gemacht, der Kreuzgang restauriert.

Die Klosteranlage heute mit Skulptur des Stadtgründers

Nach den Bombenangriffen von 1943 (kleines Bild). 1947 wurden die Trümmer beseitigt

Grafik aus dem 19. Jahrhundert: links das Schloss, im Hintergrund die Nikolai-Kirche

Ein Straßenbahnwagen der Linie 2 fährt gerade in den beidseitig eng bebauten Bereich der Dänischen Straße ein

Die Dänische Straße

Nach 1852

Eine Dänische Straße wurde bereits 1242 bei der Stadtgründung angelegt und gab über die Jahrhunderte immer wieder zu Berichten Anlass. Ihr Name ergab sich, weil sie tatsächlich bis nach Dänemark führte, zum Herzogtum Schleswig, einem dänischen Lehen. Da zwischen 1530 und 1687 ein Burggraben den Schlossgarten durchschnitt und hier den Kleinen Kiel mit dem Hafen verband, gab es auch in der Stadtbefestigung ein Dänisches Tor. 1830 wurde eine neue Dänische Straße angelegt, die eigentliche Vorgängerin der heutigen Dänischen Straße, deren Name eine Zeit lang eine moderne Bedeutung durch die Fährlinie nach Langeland (1967 bis 2003) bekam.

1930

Die Ansichtskarte der 1930er Jahre zeigt die großstädtische Dänische Straße, der Ausschnitt entspricht der rechten Bildhälfte der o. a. Grafik. In der Bildmitte das Eckhaus Burgstraße, im Hintergrund die Spitze der Nikolai-Kirche. Von Beginn des Betriebes an im Jahr 1881 fuhren Pferdebahnen, ab 1896 bis 1969 elektrische Straßenbahnen durch die Dänische Straße. Das Haus Nr. 43 vorne rechts blieb vom Krieg relativ unbeschädigt. Über seinen Wert wurde heftig gestritten, zumal es die Idee gab, hier ein Stadtmuseum einzurichten. Es wurde zugunsten des Grüngürtelausbaus am 30. September 1963 abgerissen.

2009: Die Straße hat sich bezüglich ihrer Breite etwa verdoppelt und beherrscht das Bild. Die Grundstücke 37 bis 43 sind unbebaut

Haus Dänische Straße/Ecke Burgstraße ca. 1890: Es stammte aus dem 16. Jahrhundert und wurde 1907 abgebrochen

2009

Mit dem Ende der letzten Straßenbahnlinie, die in der abschließenden Fahrplanperiode 1984/85 vom Dreiecksplatz über die Brunswiker Straße, Dänische Straße, Eggerstedtstraße zum Bootshafen fuhr, verschwanden die Schienen nach über 100 Jahren wohl endgültig aus der Dänischen Straße. Ihren Charakter als Geschäftsstraße hat sie im Bereich zwischen Burgstraße und Klinikum völlig verloren. „Laufkundschaft" gibt es hier so gut wie nicht mehr.

1868/69 wurde an dieser Stelle der Kleine Kiel verkürzt und der Park „Möllingsruh" (heute „Ratsdienergarten") angelegt

Die doppelten Treppengiebel

Der Buchwald'sche Hof – die Tränenburg

Der Buchwald'sche Hof (links) um die Wende zum 20. Jahrhundert: Die Adresse in den 1920er und 1930er Jahren war Dänische Straße 31

Das fünf Meter hohe Renaissanceportal ist einige Jahrzehnte jünger als der Hof selbst. Es galt als das bedeutendste Portal in Kiel

1860

Der Buchwald'sche Hof, 1621 von Egidius von der Lancken erbaut, war der größte und stattlichste Kieler Adelshof, wie der Warleberger Hof ein „Freihaus", das nicht der städtischen Gerichtsbarkeit unterlag, auch nicht versteuert werden musste. Am 14. Januar 1814 wurde hier der Frieden von Kiel geschlossen, durch den Dänemark Norwegen an Schweden verlor.
Der Hof bekam seinen Namen, als Kaspar von Buchwald auf Seedorf ihn um 1787 erwarb. Der auch Tränenburg genannte Hof war das einzige Haus in Kiel mit doppeltem Treppengiebel.

Die Aufnahme von 2009 entspricht weitgehend der von 1860

1900

Über den Buchwald'schen Hof und seine Bewohner könnte man ganze Bücher verfassen. So bekam z. B. der Hof den Spitznamen „Tränenburg", weil der Erbauer, von der Lancken, seine für ihn Dienstverpflichteten über Gebühr belastete. Berühmt waren auch das stattliche Renaissanceportal des Hauses und seine großen Tonnengewölbe im Braukeller. 1944 wurde dieses Juwel Alt-Kieler Adelshaustradition durch Bomben zerstört, die erhaltenen Kellergewölbe 1955/56 abgebrochen.

2009

Heute ist der Buchwald'sche Hof verschwunden. Auf seinem Platz befindet sich der Parkplatz des u. a. für Schleswig-Holstein zuständigen Kirchenamts, dessen Gebäude im Gegensatz zum Buchwald'schen Hof direkt an der Dänischen Straße steht. Vor dem Gebäude steht eine Stele aus Muschelkalk, 1960 von Illa Blaue gefertigt. Leider ist die Stele in wenig gutem Zustand, die Schrift kaum zu lesen, die stilisierten doppelten Treppengiebel kaum noch zu erkennen.

Warleberger Hof: Dänische Straße 19

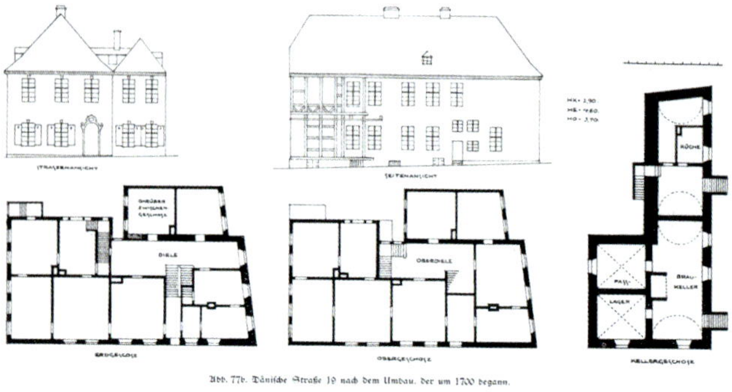

Zeichnung aus: „Das Altkieler Bürger- und Adelshaus" von Georg Pauly, Kiel 1924: Zustand des Warleberger Hofs nach Umbau 1700

Die Dänische Straße – vom Markt aus kommend gesehen – mit dem Warleberger Hof (damals Theatermuseum): links in der Mitte

18. Jahrhundert

1616 wurde das Haus 19 der Dänischen Straße als Freihaus, d. h. abgabenfrei, von Christoph Martens gebaut, 1695 folgten erste Erweiterungen unter Henning von Thienen auf Warleberg, einem Gut westlich von Kiel, der es als Stadtdomizil nutzte und ihm den bis heute üblichen Namen gab.
Die Zeichnungen zeigen den Zustand nach diesen Umbauten. 1765 erhielt der Hof unter Henning Bendix von Rumohr sein heute noch erhaltenes Portal.

1920er

Die Ansichtskarte der 1920er Jahre zeigt u. a. den Warleberger Hof, der seit 1839 der Kieler Universität gehörte, nach einem 1909 vorgenommenen Umbau, bei dem wegen Straßenverbreiterung die Fassade neu gestaltet und um fünf Meter zurückgenommen wurde. Als einziges der gut 30 erhaltenswerten alten Bürger- und Adelshäuser Kiels, die von ursprünglich über 160 die Zeit um 1900 überdauert hatten, wurde der Warleberger Hof nicht im Krieg zerstört. Bis 1967 beherbergte der Hof Universitäts-Institute und Museen.

Zurzeit erfährt das von Neubauten umrahmte Gebäude eine Grundinstandsetzung

Der Warleberger Hof als STADTMUSEUM im Jahr 1995. Die Buchstaben über dem Eingang wurden der alten Inschrift „THEATERMUSEUM" entnommen (T__AT__MUSEUM) und um zwei neu angefertigte Buchstaben (S und D) ergänzt

2010

Nach 1967 wird der ehemalige Warleberger Hof instand gesetzt und zum Stadtmuseum ausgebaut. Die Eröffnung erfolgt im Jahr 1970. Seitdem fanden diverse Ausstellungen, Führungen und Vorträge zu stadthistorischen Themen statt. Im Gebäude sind mehrere wertvolle Teile zerstörter Kieler Gebäude eingebaut worden, u. a. eine Stuckdecke aus dem Thaulow-Museum (ursprünglich Haus Markt 21).

Die Fischerei auf dem Westufer

Der Fischleger am Schumachertor, angelegt Mitte der 1830er Jahre war bis 1910 wichtiger Umschlagplatz der in der Kieler Bucht gefangenen Fische. Im Hintergrund die Verkaufsbuden am Wall

1880

Schon vor der Gründung der Stadt wird es an der Förde Fischfang gegeben haben, auch die frühen Darstellungen aus dem 16. Jahrhundert zeigen Fischerboote und Fischer bei ihrer Arbeit. Um 1900 haben die in der Kieler Bucht bis weit in die Förde vorstoßenden riesigen Heringsschwärme der Fischerei noch besondere Impulse verliehen. Berühmt geworden – schon seit dem 18. Jahrhundert – sind die geräucherten Sprotten (kleine heringsartige Fische bis ca. 20 cm Länge), die ursprünglich aus dem späteren Kieler Stadtteil Ellerbek stammten und in Kiel vermarktet und verschickt wurden.

Die neue Fischhalle mit Anleger für Fischerboote, rechts im Hintergrund das Schloss, am Bildrand das Restaurant „Seegarten"

1910

Da der bis dahin verwendete Fischleger am Schumachertor den gestiegenen Anforderungen nicht mehr entsprach, baute die Stadt 1909/10 eine neue Fischhalle etwas nördlich vom Schumachertor neben dem Seegarten. Sie war Verkaufshalle sowohl für den Großhandel als auch für den Kleinhandel, der für den Endverbraucher nicht nur (z. B. auch Obst und Gemüse, Backwaren sowie Ansichtskarten), aber in erster Linie Fisch anbot.

Seit 1976 beherbergt die Fischhalle das Kieler Schifffahrtsmuseum

2010

Nach dem Aufbau des Seefischmarktes auf dem Kieler Ostufer in Wellingdorf an der Schwentinemündung wurde die Kieler Fischhalle am Wall für ihren ursprünglichen Zweck nicht mehr gebraucht. Bis 1971 befanden sich in der Halle Anbauten, u. a. Schiffsausrüster mit Verkaufs- und Büroräumen. Nachdem bereits über den Abriss der Fischhalle diskutiert worden war, entschloß sich die Stadt zum Aufbau eines Schifffahrtsmuseums, dem eine der Seegarten-Brücken als Museumshafen zugeordnet wurde.

Museums-Brücke

Holstenbrücke und Kehdenbrücke

Ansichtskarte Serie Alt-Kiel: die Holstenbrücke vom Bootshafen aus gesehen, vermutlich um 1880

1880

Auf mittelalterlichen Stichen ist im Rahmen der aus Backstein ausgeführten Stadtbefestigungen ein Holstentor mit Zugbrücke zu sehen. Vom dazugehörigen schmiedeeisernen Tor soll es heute noch einen Flügel auf einem Gutshof bei Damp geben.

Zur Zeit des Fotos war die Verbindung vom Bootshafen zum Kleinen Kiel bereits ein schmaler grachtenartiger Kanal, auf dem kleine Boote bis fast zur Westseite des Schlossgartens fahren konnten. Dazu mussten sie eine zweite Brücke bei der Kehdenstraße passieren.

Ansichtskarte der Holstenbrücke um 1910

Die Holstenbrücke im Jahr 2010

1910

1904/05 wurde der Wasserarm zwischen Holsten- und Kehdenbrücke verrohrt und zugeschüttet, sodass nur noch eine unsichtbare Wasserverbindung zwischen Bootshafen und Kleinem Kiel blieb. Darüber entstand eine neue Straße, die seitdem den Namen Holstenbrücke trägt. Nach dem Zweiten Weltkrieg wurde die Holstenbrücke als Straße erheblich verbreitert, in der Mitte eine große Straßenbahnhaltestelle angelegt, wo die Linien 3, 4 und 7, später auch die 2 sowie mehrere Buslinien hielten.

2010

1984 – Monate vor der unsinnigen Einstellung der Straßenbahn (die „4“ fuhr zuletzt über Eggerstedtstraße - Berliner Platz) – wurde die Holstenbrücke umgebaut: In der Mitte nehmen die Haltestellen der nach Norden fahrenden Busse den gesamten Raum ein, wo früher die Straßenbahn in zwei Richtungen fuhr. Die Busse der Gegenrichtung haben ihre Haltestellen an der rechten Fahrbahnseite. Seit langem bestehen Überlegungen, den Wasserarm wieder freizulegen und die Situation vor 1904 zu rekonstruieren.

Die Kehdenbrücke, bevor die Verbindung zwischen Holstenbrücke und Kleinem Kiel zugeschüttet und verrohrt wurde (Ausschnitt aus einer Ansichtskarte)

1890

Die Veränderung des Bereiches „Holstenbrücke" vor 100 bis 150 Jahren ist in Kiel bekannt, was sicher auf die historische Bedeutung der Holstenbrücke als Teil der Kieler Stadtbefestigung, aber auch auf das „Überleben" des Namens als Straßenbezeichnung bis ins 21. Jahrhundert zurückzuführen ist. Die Kehdenbrücke dagegen ist weitgehend vergessen. Fotos und Ansichtskarten, auf denen sie zu sehen ist, sind nicht gerade zahlreich. Den Verfassern sind nur zwei Fotos bekannt. Eines davon sehen wir hier. Die Häuser auf den beiden Ansichtskarten von vor 1904 und nach 1904 zeigen den Kleinen Kiel an der Ecke Martensdamm/Kehdenstraße.

Nach 1904: Die einstige Brücke ist einem steinernen, einer Brücke ähnelnden Rohrauslauf gewichen (Ausschnitt aus einer Ansichtskarte)

1904

Mit der Verrohrung der Wasserverbindung zwischen Holstenbrücke und Kehdenbrücke ergab sich beim Auslauf zum Kleinen Kiel hin die Notwendigkeit einer zweckmäßigen wie architektonisch geschickten Lösung. Man entschied sich für eine gemauerte Brückenattrappe mit massivem Geländer aus Stein. Dieses Bauwerk wurde wenige Jahre später mit einem kleinen Haus überbaut, das als Straßenbahnwartehalle diente. Die Straßenbahnlinien, die von der Bergstraße Richtung Vorstadt fuhren, nahmen ihren Weg entweder durch die Willestraße oder weiter Richtung Rathausstraße direkt dort entlang, wo einst die Kehdenbrücke stand.

Etwa derselbe Blick heute: Der brückenähnliche Auslauf des Rohrsystems, das den Kleinen Kiel mit dem Bootshafen verbindet, lässt noch ahnen, wie es hier vor gut 100 Jahren aussah

Unten am rechten Bildrand sieht man die Straßenbahnwartehalle, wo einst die hölzerne Kehdenbrücke über die Wasserverbindung Bootshafen/ Kleiner Kiel führte

Nach 1945

Die Straßenbahnwartehalle, deren ursprüngliche Bedeutung bei den meisten Kielern weitgehend vergessen ist, verlor mit der Entfernung der Straßenbahngleise aus der Willestraße im Zuge der neuen Trasse Bergstraße–Holstenbrücke–Andreas-Gayk-Straße (1950) ihre Bedeutung. Zeitweise war das Gebäude nur noch ein Toilettenhäuschen, dann zog ein Imbiss ein. Heute beherbergt das Gebäude das Kundenzentrum des Abfallwirtschaftsbetriebes Kiel zusammen mit einer hochmodernen und behindertengerechten Toilettenanlage.

Die untere Holstenstraße (früher: Vorstadt)

1933

Der Verkaufsladen der Firma Lehment, der noch bis in die 1960er Jahre in den Neubauten der Holstenstraße weitergeführt wurde, zeigt den Einfluss der großstädtischen Entwicklung auch im Bereich des Kieler Einzelhandels. Aufwändige Fassaden und professionelle Schaufenstergestaltung, die die angebotene Ware attraktiv darbietet, bestimmen das Bild. Auch die Firmennamen werden zunehmend künstlerisch gestaltet und beinhalten neben dem reinen Benennungszweck bereits einen gezielt geplanten Wiedererkennungsfaktor. Noch fehlen allerdings die heute üblichen Vordächer über den Schaufenstern.

Das Foto des Hauses Vorstadt 73 (heute Holstenstraße 41) zeigt ein typisches Kieler Vorstadthaus des 19. Jahrhunderts

Holstenstraße 35 (früher Vorstadt 67): der Verkaufsladen der Kieler Spirituosenfirma Fritz Lehment in den 1930er Jahren. Die herausgehängte Hakenkreuzfahne deutet darauf hin, dass die Aufnahme nach 1933 entstand. Noch führen die Schienen mehrerer Straßenbahnlinien durch die enge Holstenstraße

Mitte 19. Jahrhundert

Seit 1575 werden die Häuser im Gebiet südlich des Holstentores als Vorstadt bezeichnet, ein Begriff, der sich bis heute als Stadtteilname erhalten hat, allerdings wenig geläufig ist. Seit 1799 wird die „Vorstadt" im „Taschenbuch für die Einwohner der Stadt Kiel" als Straßenname zwischen Holstenbrücke und Klinke geführt. Die Straße „Vorstadt" wurde 1901 der Holstenstraße zugeordnet (im Volksmund: „Untere Holstenstraße") und entsprechend erhielten die Häuser neue Nummern.
In Ermangelung passender Fotos zur Gegegenüberstellung zu verschiedenen Zeiten wird auf dieser Seite beispielhaft das Haus Vorstadt 73 dem Haus Holstenstraße 35 gegenübergestellt.

2009

Die gleiche Stelle heute: Nur noch schwer sind die einzelnen Häuser zu unterscheiden, Hausnummern fehlen z. T. vollkommen. Der Kunde soll schon von weitem auch so sehen, wo er einkaufen will (oder soll). Die Branchen und Firmen wechseln teilweise so häufig, dass es dem Chronisten schwer fällt, die Übersicht darüber zu wahren, welches Geschäft wo und wann ansässig war. Filialketten bewirken außerdem eine mehr oder weniger beabsichtigte Vereinheitlichung der Einkaufszonen vieler Städte.

Etwa derselbe Bereich heute

Klinke 2 – das Schweffelhaus

Diele des 1907 abgerissenen Schweffelhauses im Thaulow-Museum (Ansichtskarte ca. 1910)

Es war schon ein besonderer Blickfang für Bürger, die von Norden kommend aus der unteren Holstenstraße (ehemals Vorstadt) auf das Schweffelhaus zugingen. Es beeindruckte vor allem auch dadurch, dass es nicht eng an andere Gebäude angeschlossen war und weitgehend frei stand

Die Schevenbrücke in den 1920er Jahren: Der Standort des Fotografen befindet sich etwa da, wo einst das Schweffelhaus stand (Blickrichtung zum Alten Markt)

1900

Das vom Großkaufmann Johann Schweffel 1775 errichtete Wohnhaus Klinke 2 lag etwa zwischen dem Café Fiedler und dem Hotel Astor. Das Haus wurde entweder von Georg Sonnin, der auch den Ostflügel des Schlosses umbaute, entworfen oder der Entwurf wurde von ihm zumindest stark beeinflusst. Die Klinke – bekannt seit 1730 als „Holten Klink" – verband das Sophienblatt mit der Schevenbrücke, d. h. stellte den südlichen Teil der heutigen Andreas-Gayk-Straße einschließlich des Straßenstücks vor dem Hotel Astor dar.

Das Schweffelhaus ist eines der wichtigsten Beispiele dafür, dass die um 1900 abgerissenen, zahlreichen alten Kieler Bürger- und Adelshäuser in der Mehrzahl alles andere als abrissreife Bruchbuden waren. Insbesondere beim Schweffelhaus, das dem Ausbau der Holstenstraße nach Süden im Weg war, regte sich erheblicher Protest bei der Bürgerschaft. Immerhin wurden zahlreiche Fotos gemacht, ein Holzmodell der Innenräume angefertigt und mehrere komplette Räume im Thaulow-Museum wieder aufgebaut.

2010

Der heutige Blick Richtung Holstenplatz entspricht in etwa dem o. a. Foto vom Schweffelhaus im Jahr 1907. Die Klinke als Straße wurde 1958 aufgehoben und in den Holstenplatz einbezogen.

1920er

Es gibt sie noch, aber viele Kieler wissen nichts mit ihrem Namen anzufangen: die Schevenbrücke. Sie findet sich zuerst in einem Kataster von 1682 und hat ihren Namen von einer Brücke, die über den in den Ziegelteich (heute: Bereich Hertie/Karstadt) mündenden Mühlenbach führte. Nach Abbruch des Schweffelhauses konnte die Straßenbahn von Norden kommend, statt in die Klinke abzubiegen, geradeaus durch die verlängerte Holstenstraße fahren.

Hier etwa stand früher das Schweffelhaus

Bootshafen

Der Bootshafen um 1850, zeitgenössische Zeichnung

1850

Der Bootshafen bildete zusammen mit dem Wasserarm zwischen Holsten- und Kehdenbrücke sowie dem Kleinen Kiel den Fördearm, der Jahrhunderte die Kieler Altstadt umschloss. 1904 verlor er seine offenliegende Verbindung zum Kleinen Kiel, war aber – auch für größere Boote und Schiffe – von der Innenförde aus zugänglich. Mit der Eisenbahn kam auch bald ein Hafengleis, das bis zum Wall reichte und über eine Drehbrücke die Bootshafeneinfahrt überquerte. 1902 bis 1905 wurde diese Brücke durch eine Klappbrücke ersetzt.

Der Bootshafen heute: keine Boote und viel Publikum, Cafés usw. am Ufer - vor allem bei gutem Wetter ein neuer Anziehungspunkt in der City

2009

Mit dem Bau des Schwedenkais für die STENA Line (1982) verlor der Bootshafen endgültig seine offene Verbindung zum Hafen. Ohnehin waren die Uferbefestigungen marode, das gesamte Gelände unansehnlich. Mit dem Geld vom Verkauf der Ostseehalle konnte 2002 bis 2005 der Bootshafen saniert werden, wobei insbesondere das Nordufer zum Flanieren, Verweilen und zu diversen Events am Wasser einlädt.

Amateurfoto eines Touristen Ende der 1930er Jahre vom Bootshafen

1930er

Mit dem Bau der Brücken wurde der Bootshafen mehr und mehr ausgebaut, die Ufer wurden befestigt und mit schmiedeeisernen Gittern versehen. Auch das Bootshafenumfeld veränderte sich. Dort, wo heute der Berliner Platz ist, befand sich zunächst eine richtige Börse, dann ein gleichnamiges Restaurant, seit 1928 die Landesbank. Nach dem Krieg lagen fast alle Gebäude um den Bootshafen herum in Trümmern und mussten durch Neubauten (C & A, Weipert, Karstadt u. a.) ersetzt werden. Der Bereich zwischen Bootshafen und Holstenbrücke als Anfangspunkt der Neuen Straße (heute: Andreas-Gayk-Straße) wurde als Kreisverkehr (zunächst „Runder Platz") genutzt.

Sehenswürdigkeit über dem Bootshafen: eine Gondelbahn

Von 1974 bis 1991wurde das Kaufhaus Weipert mit dem Parkhaus quer über den Bootshafen durch eine Seilbahn verbunden, eine Kieler Sehenswürdigkeit, die dann aber dem Verkauf von Weipert zum Opfer fiel.

Das Neue Kieler Rathaus

Das 1856 in Betrieb genommene Gaswerk für die Gasbeleuchtung in Kiel, im Hintergrund das alte Gymnasium (heute Hiroshima-Park)

Auch das gerade fertig gestellte Neue Rathaus erschien in der auf Steindrucken basierenden Alt-Kiel-Serie

Nach 1893

Am 12. November 1856 berichtete die Kieler Presse von einer bedeutenden Neuerung in der Stadt: Gasbeleuchtung in den Straßen. Das dazu notwendige Gas kam aus einem Gaswerk, das an einer namenlosen Straße lag, die den Kleinen Kuhberg mit der Fleethörn verband. Nun bekam sie den sinnigen Namen Gasstraße. Das Gas stellte man durch Erhitzen von Steinkohle her, ein giftiges, aber energiereiches Gemisch aus Kohlenstoffmonoxid, Methan und Wasserstoff (Kokereigas). Mit der einführung elektrischer Straßenbeleuchtung wurde das Gaswerk überflüssig. Es entstand Platz für ein neues Rathaus.

1911

1906 erfolgte der Abbruch der Gasanstalt, und es begann der Rathaus-Neubau nach Plänen des Karlsruher Architekten Hermann Billing im jugendstilmäßigen Klassizismus. Der Bau kostete die nicht gerade reiche Stadt den damals ungeheuren Betrag von 4 200 000 Goldmark. Dabei war es im Großen und Ganzen kein Prunkbau. Die meisten Gebäudeteile waren eher bescheiden in heimischem Backstein und mit einfachem Schieferdach ausgeführt. Eindrucksvoll dagegen waren natürlich der bis heute das Bild Kiels prägende Turm und der in Sandstein ausgeführte Mittelteil, dessen kupfergedecktes Dach die Form eines umgedrehten Schiffsrumpfes hatte.

1911 wurde das Neue Rathaus, um ein Vielfaches größer als das Alte Rathaus am Markt, eingeweiht. Der Platz davor trug seit 1869 den Namen Neumarkt. Mit dem Turm im Stile eines italienischen Campanile gelang dem Architekten ein besonderer Wurf. Er wurde schnell das Wahrzeichen der Stadt

Für Kieler Verhältnisse hat sich der Blick auf das Neue Rathaus und sein Umfeld in 100 Jahren relativ wenig verändert

2010

Während der Turm den Bombenkrieg ohne Blessuren überstand, wurde das Rathaus zum Teil erheblich beschädigt. 1948/49 wurden die Sandstein- und Backsteinfassaden in alter Form wiederhergestellt, statt des Kupferdaches gab es allerdings ein schlichtes Walmdach mit Dachpfanneneindeckung. Die für später vorgesehene Wiederherstellung der alten Dachform unterblieb bis heute. In den 1950er Jahren wurden dann die übrigen Teile des Rathauskomplexes restauriert, auch der Innenraum konnte in weiten Teilen wiederhergestellt werden.

Stadttheater - Opernhaus

Das Alte Stadttheater in der Schumacherstraße in der Altstadt

1841

Als Stadt eines wichtigen Geldmarktes in Nordeuropa („Kieler Umschlag") hatte Kiel spätestens im 17. Jahrhundert bereis große Anziehungskraft auch für Schausteller und Wandertheater. Aber erst seit 1841 gab es ein privat betriebenes Stadttheater in der Schumacherstraße, dessen Qualität allerdings in der schnell wachsenden Marinestadt bald nicht mehr akzeptabel war. Ein neue Haus musste her, aber wie sollte es aussehen und wo konnte es gebaut werden. Wer trug die Kosten?

Das (neue) Stadttheater am Neumarkt nahe des Kleinen Kiel

1907

Nach einem Architektenwettbewerb und wiederholten Änderungen der Pläne sowie umfangreichen Diskussionen in der Bürgerschaft wurden die Arbeiten in Angriff genommen und 1907 abgeschlossen. Am 1. Oktober fand mit „Fidelio" die feierliche Eröffnung statt.

Der Neubau war im Innern eine moderne Stahlkonstruktion, die aber mit Sand- und Backstein aufwendig verkleidet war. Das Innere ließ beim Publikum in Design und Technik keine Wünsche offen.

Im alten Haus wurde zum Abschied die „Fledermaus" gegeben. Danach wurde es abgerissen.

Das Stadttheater wurde 1953 wieder mit „Fidelio" eröffnet. Das Provisorium im Neuen Stadttheater (Schauspielhaus) hatte ein Ende. Vor einigen Jahren wurde das Stadttheater in Opernhaus umbenannt, da es weitgehend nur noch für Opernaufführungen und Ballettabende genutzt wird

2010

Mitten im Zweiten Weltkrieg plante man, das Stadttheater nach gut 30 Jahren durch einen Neubau im heutigen Hiroshima-Park zu ersetzen – größer, pompöser, auf den „Endsieg" ausgerichtet. Der Neumarkt, inzwischen umbenannt, sollte dadurch erheblich vergrößert werden. Doch die Bomben verhinderten den „Endsieg" und zerstörten das Theater fast völlig. Der Bühnenturm stürzte ein, der Zuschauerraum brannte aus, das Dach erfüllte seinen Zweck nicht mehr. Das Stadttheater war nicht mehr bespielbar. Beim Wiederaufbau nutzte man die zum größten Teil noch brauchbare Außenhaut und lehnte sich im Dachbereich an den Neubauentwurf aus dem Jahr 1943 an. Das Ergebnis war eine erstaunlich modern-harmonische Lösung! Kritik erntete nur der spätere Anbau aus schwarzem Glas.

Vom Gängeviertel zur Ostseehalle

Dieses Foto eines Hauses im Gerbergang um 1900 zeigt, wie die meisten Teile des Gängeviertels bis zum Zweiten Weltkrieg ausgesehen hatten

Die Ostseehalle kurz nach Fertigstellung 1951 auf einer Ansichtskarte

2004

Gegenüber den vorherigen Bauphasen zeichnet sich „Kiel Handball-Tempel“ seit 2001 durch vier statt drei Ränge aus, hat eine hohe Variabilität in der Innenraumgestaltung und bietet, je nach Veranstaltung, bis zu gut 10 000 Zuschauern Platz. Dazu kommen VIP-Räume und Logen sowie seit 2009 ein Anbau an der Südseite mit Räumen für kleinere Veranstaltungen sowie Büroräume, z. B. für die Geschäftsführung der Bundesligamannschaft des THW Kiel.

Um 1900: Blick in den Kleinen Kuhberg, der früher das Gängeviertel, heute Europaplatz und Ostseehalle, nach Norden begrenzt

1900

Das Kieler Gängeviertel ist seit dem 18. Jahrhundert Teil der historischen Kieler Vorstadt gewesen. Auf engstem Raum standen hier kleine Fachwerkhäuschen, dazwischen enge Straßen und Gassen sowie Gänge, die nur für Fußgänger geeignet waren. Im Gängeviertel lebten seit langem u. a. viele Kieler Juden, weshalb man im Zweiten Weltkrieg diesen Bezirk zur Sammlung der Kieler Juden vor dem Abtransport in den Osten zu den Vernichtungslagern bestimmte.

1950

Im Krieg wurde das bis dahin erhaltene Gängeviertel durch Bomben fast völlig vernichtet. Nur wenige, meist aus der Gründerzeit stammende neuere Häuser widerstanden den Angriffen und wurden erst in den 1970er Jahren abgerissen. Auf dem Gelände des Gängeviertels entstand 1950/51 aus Teilen einer Sylter Flugzeughalle die Ostseehalle, eine neue Sport- und Veranstaltungshalle, lange Zeit die größte Halle nicht nur Schleswig-Holsteins. Den Bereich östlich der Halle gestaltete man als offenen Platz, heute Europaplatz genannt.

Die Ostseehalle im Jahr 2004: Nur wenige Namen erinnern in ihrem Umfeld heute noch an das Gängeviertel (Prüner Gang, Spritzengang, Bäckergang)

Thaulow-Museum

Der vom renommierten Kieler Architekten Heinrich Moldenschardt erstellte Bau des Thaulow-Museums am Sophienblatt kurz nach seiner Eröffnung am 10. August 1878 . Vorher befand sich Thaulows Sammlung in dessen Wohnhaus am Kleinen Kiel. Thaulow wohnte sozusagen in seinem eigenen Museum

1878

Dr. Gustav Ferdinand Thaulow, geboren 1817 und gestorben 1883 in Kiel, war noch zu dänischer Zeit des Landes Professor für Philologie und Pädagogik an der Universität Kiel und sammelte seit 1850 hochkarätige einheimische Kunstwerke des 15. bis 18. Jahrhunderts, insbesondere Holzskulpturen und Möbel bedeutender Schnitzkünstler aus den Herzogtümern. Auch alte Meisterwerke sammelte er, die er oft genug lieblos und unsachgemäß aufbewahrt auf Dachböden und in Rumpelkammern von Kirchen fand und dann rettete. Sechs Jahre vor seinem Tod vermachte er die Sammlung der Stadt und der Provinz unter der Bedingung, dass am Sophienblatt ein Museum gebaut würde, es in Kiel bleiben sollte und nichts verkauft werden dürfe. Die Verantwortlichen erfüllten den Wunsch des spendablen Sammlers.

Das Thaulow-Museum kurz vor dem Ersten Weltkrieg mit Anbauten (links)

1906/11

1906 und 1911 kamen An- und Erweiterungsbauten hinzu. Schritt für Schritt wurde das Museum zu einem Landesmuseum ausgebaut. Zusätzlich zur Thaulow-Sammlung wurden wertvolle Einrichtungen abgerissener Kieler Gebäude aufgenommen. So fanden sich im Museum komplette Räume abgerissener und eigentlich erhaltenswürdiger Häuser vom Markt sowie aus dem Schweffelhaus an der Klinke. Allerdings wurden auch diverse Sammlungsstücke Thaulows verkauft.

Kaufhaus Karstadt am Platze des früheren Thaulow-Museums, 2010

2010

Im Zweiten Weltkrieg wurde das Thaulow-Museum zwar teilweise schwer beschädigt, wäre jedoch problemlos wieder aufzubauen gewesen. Entgegen der Verpflichtungen gegenüber Gustav Thaulow wurde die Sammlung 1947 nach Schleswig verbracht, die Gebäude wurden schrittweise abgerissen und 1971 durch das Kaufhaus Hertie ersetzt, das seit 2001 den Namen Karstadt trägt. Immerhin sind durch das Engagement eines einzelnen Wissenschaftlers in Schleswig Stücke der zerrissenen Thaulow-Sammlung als solche besonders gekennzeichnet worden.

Der erste Bahnhof in Kiel, dann die Post

1846

Eigentlich war es schon der zweite Bahnhof in Kiel, denn als 1844 als erste Eisenbahn in den Herzogtümern die „Christian VIII. Ostseebahn“ eingeweiht wurde, hielten die Züge in Kiel noch südlich der Hummelwiese an einer provisorischen Haltestelle. Der neue Bahnhof an der Klinke (später Oberpostdirektion) wurde nämlich erst 1846 fertig. Immerhin war die Fahrt mit gut zwei Stunden von Altona nach Kiel wesentlich kürzer als die mit Pferd und Wagen auf der 1832 fertig gestellten Chaussee (die dauerte neun Stunden). Außerdem übertraf natürlich die Transportkapazität der Züge die der Pferdewagen um ein Vielfaches.

Das nach Osten ausgerichtete Empfangsgebäude mit Haupteingang (rechts) an der Klinke (heute südlicher Teil der Andreas-Gayk-Str.): Besuch des Kronprinzen Frederik in den 1850er Jahren

1911

Während der Alte Bahnhof mehr und mehr nicht den Anforderungen entsprach, benötigte die Reichspost Ausdehnungsmöglichkeiten. Der Bau eines neuen Bahnhofes ermöglichte es sowohl der Bahn als auch der Post, neue Kapazitäten zur Verfügung zu stellen. Auf dem Ansichtskartenausschnitt sehen wir Wagen der Reichsbahn auf einem Gleis des alten Bahnhofs sowie rechts daneben Gleise der Hafenbahn. Große Teile der im Kaiserreich errichteten Gebäude der Reichspost wurden im Zweiten Weltkrieg zerstört oder schwer beschädigt.

Die Oberpostdirektion, unmittelbar nach der preußischen Annexion, neben dem Gelände des alten Bahnhofs erbaut (Ansichtskartenausschnitt um 1900)

1993

Das Foto vom Restaurant des Kaufhauses Hertie entstand genau in dem Jahr, als der Hertie-Konzern von Karstadt übernommen wurde. So wurde aus dem Kieler Hertie-Haus eine Karstadt-Filiale. Der Blick nach Nordosten zeigt den Komplex der Oberpostdirektion Kiel u. a. mit Hauptpostamt vorne rechts. Durch die Auflösung der Oberpostdirektionen 1993 im Rahmen der Neuordnung des Postwesens in den folgenden Jahren sank der Raumbedarf der Post in Kiel erheblich, sodass die Stadtverwaltung eine Reihe frei werdender Gebäudeteile für Ämter u. a. übernehmen konnte.

1993: Das Gelände des alten Kieler Bahnhofs und der Oberpostdirektion des Reiches. Der vordere Teil stammt aus den Jahren 1956 bis 1959, der hintere wurde 1989 fertig gestellt. Im Hintergrund sieht man ein Fährschiff der STENA-Line (Kiel–Göteborg) am Schwedenkai, dahinter Kräne von HDW

Hauptbahnhof Kiel

Auf dem Westteil des Geländes des heutigen Hauptbahnhofes stand das Stadtkloster aus den Jahren 1821/22

Der neue Kieler Hauptbahnhof – 1895 begann der Bau – kurz nach der Fertigstellung im Jahr 1911

Ende 19. Jahrhundert

Ab 1846 fuhr die Eisenbahn Altona – Kiel direkt vorbei am Stadtkloster zum gerade fertig gestellten ersten echten Kieler Bahnhof. Mit der preußischen Annexion entstand schnell die Diskussion um einen neuen Bahnhof. Bezüglich des Standortes waren - aus heutiger Sicht - erstaunliche Alternativen in der Planung, u. a. war auch das Gebiet Schrevenpark im Gespräch. Die dann gewählte und heute bekannte Lösung benötigte das Gelände des Stadtklosters und führte 1909 zu seinem Abriss und einem Neubau in der Harmsstraße.

1911

Mit dem Abriss des Stadtklosters konnten die Gleise 5 und 6 sowie der Westflügel des Bahnhofs zum Sophienblatt hin ergänzt werden. 1911 waren alle Probleme gelöst, auch das der provisorischen Durchleitung von Gleisen durch eine Öffnung im östlichen Teil des Hauptgebäudes zum alten Bahnhof hin, der natürlich noch einige Zeit in Betrieb bleiben musste. Das Gebäude in neubarockem Stil war der Zeit entsprechend repräsentativ und imposant mit einem großen Vorplatz ausgestattet. Das östliche Portal bildete einen besonderen Blickfang vom Wasser aus.

Der Hauptbahnhof Kiel heute: Zwischenzeitliche Vorbauten am Haupteingang mit einer Brücke zum ZOB sind wieder verschwunden, alte Teile wurden innen wie außen ergänzt, Neubauanteile der 1950er überarbeitet. Mit modernen Mitteln passte man das Gesamtbild dem historischen Vorbild an, Technik, Service, Information und Gastronomie wurden modernisiert

2010

Der Krieg verschonte das noch junge Bahnhofsgebäude nicht. Westflügel, Ostteil des Hauptgebäudes sowie die Dächer und Bahnsteigüberdachungen waren schwer beschädigt oder ganz zerstört. In der ersten Hälfte der 1950er Jahre wurde die Bahnsteigüberdachung wieder hergestellt, der leicht beschädigte Ostflügel wenig sensibel repariert und ergänzt. Der übrige Teil wurde in stark vereinfachter Form, dem Zeitgeschmack entsprechend, neu aufgebaut, wobei an der Nordwestecke nahezu unversehrte Teile den neuen Fassaden radikal angepasst wurden. Ende des 20. Jahrhunderts entschloss man sich dann zu einer umfassenden Sanierung.

St. Jürgens: Kapelle und Kirche

Die St.-Jürgens-Kapelle stand gegenüber der Einmündung der Ringstraße in das Sophienblatt. Links von ihr befand sich das Stadtkloster, etwa dort, wo sich heute Gleis 5 und 6 des Hauptbahnhofs befinden

Die St.-Jürgens-Kirche in den 1920er Jahren: links der Hauptbahnhof, rechts die Häuserzeile, wo sich heute u. a. die traditionsreiche Bäckerei Johannsen befindet

1890

Die kleine St.-Jürgens-Kapelle gehörte zu einem gleichnamigen Kloster aus dem Mittelalter. Hier befand sich zeitweise ein Heim für Aussätzige.
1902 wurde die Kapelle zugunsten des Baus der St.-Jürgens-Kirche abgebrochen. Auf dem zur Kapelle und später zur Kirche gehörenden Friedhof fand jährlich am 23. März eine Gedenkfeier an die „Schleswig-Holsteinische Erhebung" (dän.: „Treårskrigen") statt, bis in die 1920er Jahre hinein mit Kriegsveteranen des Krieges zwischen 1848 und 1851.

1920

1904 wurde die neu erbaute St.-Jürgens-Kirche eingeweiht. Während die Kapelle entlang der Straße Sophienblatt ausgerichtet war, die durch den Bau des neuen Bahnhofs eine immer größere Bedeutung für den Verkehr nach Süden und mit Bau der Gablenzbrücke auch nach Osten bekam, bildete die in Ost-West-Richtung erbaute St.-Jürgens-Kirche eine Art Sperrriegel nach Süden. Die Kirche schloss, bis auf eine schmale Durchfahrt, den Platz an der Westseite des Hauptbahnhofes ab. Diese Durchfahrt für die Straßenbahn und den gesamten Verkehr nach Süden und in die Ringstraße befindet sich auf dem Foto rechts vom Kirchturm.

Etwa derselbe Blick wie auf dem vorigen Bild, aber im Jahre 2010: Das Sophienbaltt ist eine durchgehende, breite, mehrspurige Straße geworden. Statt der Straßenbahn passieren zahlreiche Buslinien die Westseite des Hauptbahnhofes

2010

Wie viele andere Gebäude war auch die St.-Jürgens-Kirche im Krieg schwer beschädigt worden. Turm und Langschiff hatten Notdächer. Die Kirchenführung plante eine moderne Lösung zur Behebung der Schäden, während die Stadtverwaltung an eine Verbreiterung des Sophienblattes dachte. Sprach man 1951 noch über Verlegung von Friedhofsmauern, sogar über einen Fußgängerweg quer durch die Kirche, setzten sich schließlich die Anhänger einer großen Lösung durch: Abriss der Kirche, Neubau an anderer Stelle, Aufhebung des Friedhofes, Verlegung der Gräber, darunter Grabstätten vieler bedeutender Kieler.

Die Kieler Kunsthallen

1857

1843 konstituierte sich in Kiel der Kunstverein, der 11 Jahre später (!) den Aufbau einer Gemäldesammlung beschloss. Kurz vorher hatte der Universitätsprofessor Wilhelm Forchhammer eine Sammlung von Gipsabgüssen antiker Skulpturen im Schloss zusammengestellt, eine relativ preisgünstige Lösung, die auch Skulpturen im Original zugänglich machte. Großzügiger Mäzen für die Antiken- und Gemäldesammlung war König Herzog Christian VIII. Als Gebäude erwarb der Verein 1856 das ehemalige Zoll- und Warenhaus am Wall: Einweihung 1857.

Die Kunsthalle in der Dänischen Straße, rechts dahinter das Schloss. Das ehemalige Zollhaus musste aufwendig umgesetzt, um- und ausgebaut werden. Vor allem erhielt es skulpturalen Schmuck und ein klassizistisches Portal

1909

Nach der preußischen Annexion bezog der Flottenchef Prinz Heinrich von Preußen, Bruder des Kaisers, das Kieler Schloss. Eine Folge: Die Kunsthalle störte den hohen Herrn und musste weichen. Nach Jahren verschiedener Provisorien wurde 1908/09 eine neue Kunsthalle nördlich des Schlossgartens erbaut. Der repräsentative Neubau wurde im Zweiten Weltkrieg, vor allem im Bereich des Eingangs und des Daches, schwer beschädigt.

Der Neubau am Düsternbrooker Weg neben der Universität kurz nach der Fertigstellung

2007

1954 wurden die Sanierungs- und Neubauarbeiten begonnen, vier Jahre später abgeschlossen, sodass eine feierliche (Wieder-)Einweihung stattfinden konnte. Der Blick auf das Foto von 2007 zeigt die Veränderungen am Dach wie auch an der Fassade nach dem Krieg genauso deutlich wie die erhaltenen Fassadenteile. 1979 bis 1986 wurde der Altbau durch einen Anbau an der rückwärtigen Front ergänzt.

Im Jahre 2007 wurde die lange Tradition der Kunsthalle durch eine Rekonstruktion der Ausstellung anlässlich der Einweihung der ersten Kunsthalle im Jahr 1857 feierlich gewürdigt.

Die Kunsthalle im Jahr 2007. Sie hat ständige und regelmäßig wechselnde Ausstellungen zu den unterschiedlichsten Bereichen und Themen der Kunst. Die Antikensammlung Forchhammers ist ebenfalls hier untergebracht

Die Universität beim Schlossgarten

Das zweite Universitätsgebäude in der Kattenstraße (die Straße wurde 1970 aufgehoben) südlich des Schlosses, Foto 1930er Jahre

1768

Die 1665 gegründete Universität Kiel – heute eine Alma Mater von über 20 000 Studenten – begann mit 17 Professoren und 165 Studenten in Räumen des ehemaligen Franziskanerklosters in der Kieler Altstadt. Sie war die südlichste Universität im Dänischen Gesamtstaat. 1768 wurde der von dem berühmten Baumeister Ernst-Georg Sonnin geschaffene Neubau in der Kattenstraße bezogen. Später fand hier bis zur totalen Zerstörung im Zweiten Weltkrieg das Museum für vaterländische Altertümer seine Heimat. Berühmt war das Museum vor allem für das Nydam-Boot.

1880 erhielt die Universität ein neues Hauptgebäude am Nordende des Schlossgartens

1880

Rund 110 Jahre nach dem Sonninbau erhielt die Hochschule ein durch Martin Gropius entworfenes neues Hauptgebäude sowie weitere im gleichen Stil ausgeführte Bauwerke, u. a. für die Bibliothek.
Die Gropius-Bauten waren in hellem Backstein ausgeführt mit Friesen, Ornamenten und Fenstereinfassungen aus rotem Backstein. Den Eingang des Hauptgebäudes schmückten die Statuen griechischer Philosophen: Aristoteles, Hippokrates, Plato und Solon. Der Bau wurde im Krieg zerstört und später gesprengt.

2010

Außer dem Hauptgebäude überstanden die anderen Gebäude von Gropius den Krieg, hier befinden sich u. a. die Museen für Zoologie und Völkerkunde sowie eine Medizin- und pharmaziehistorische Sammlung.
Bis auf die Medizinische Fakultät zog die Universität nach dem Krieg an den Westring auf ein ehemaliges Rüstungsindustriegelände. Der Platz des Universitätshauptgebäudes von 1880 wurde nicht wieder bebaut und diente bis 2009 als Parkplatz. Im Winter 2009/10 wurde es zur Parkanlage als Teil des Schlossgartens umgestaltet.

Erhaltener Gropius-Bau westlich des alten Hauptgebäudes

Neue Universität am Westring um 1950

Schlossgarten

vor 1870

Der Blickwinkel einer Grafik aus dem 18. Jahrhundert zeigt den Schlossgarten in der Zeit, als Schleswig-Holstein Teil des Dänischen Gesamtstaates war. Der Garten befand sich in einer Übergangsphase vom Barockgarten (Mitte des 18. Jahrhunderts) zum Schlossgarten der Kaiserzeit. Der Blick geht Richtung Schloss und Altstadt, Standort des Malers damals war etwa das Südende der heutigen Kunsthalle.

Der Schlossgarten nach seiner barocken Phase, aber noch vor 1870, was am Bauzustand des Daches der Nikolai-Kirche (rechts) zu sehen ist

1905

Die Ansichtskarte zeigt den Schlossgarten zur Kaiserzeit, im Hintergrund kann man hinter üppigem Grün das Dach des Schlosses mit seinen beiden Türmen erkennen. Im Vordergrund steht das Reiter-Standbild Wilhelms des Ersten. An seinem Sockel befinden sich zwei Bronzereliefs, die die Seeschlacht bei Eckernförde 1849 sowie die Grundsteinlegung des Nord-Ostsee-Kanals darstellen.
Von Teilen der Bevölkerung war zu jener Zeit ein Denkmal favorisiert worden, das Geschichte und Eigenständigkeit Schleswig-Holsteins stärker betont hätte. Bis heute ist am Standbild aber nur zu lesen: „Das befreite Schleswig-Holstein".
Drei allegorische Figuren des Denkmals wurden übrigens im Zweiten Weltkrieg eingeschmolzen.

Der Schlossgarten um 1900

2010

Der heutige Blick auf den Schlossgarten zeigt relativ geringe Veränderungen. Seit einigen Jahren werden wieder, wie vor 100 Jahren im alten Stil, neben dem Reiterstandbild Blumenbeete bepflanzt. Links im Hintergrund sieht man schemenhaft das Schloss mit dem Nordturm, rechts den Dachreiter der Nikolai-Kirche. Die Wege sind gepflegt, die ganze Anlage macht einen gegenüber den 1960er Jahren deutlich verbesserten Eindruck. Durch die Fähr- und Kreuzfahrtschiff-Anlagen hat der Schlossgarten die Funktion einer Visitenkarte der Landeshauptstadt.

Der Schlossgarten im Frühjahr 2010. Er ist eine Ruhezone inmitten des den Garten an drei Seiten umfließenden Großstadtstraßenverkehrs

Das Schloss um 1700 von der Förde aus gesehen

Das Schloss in der Ära von Prinz Heinrich von Preußen – auffällig die unmittelbare Nähe des Schlosses zum Wasser, die Einfriedigung durch eine Mauer und die Straßenbahn, die damals hier fuhr

Das Kieler Schloss – eine wechselvolle Geschichte

1700

1250 bestimmte Graf Johannn I., Sohn des Kieler Stadtgründers Adolf, die damals neue Kieler Burg zu seiner Residenz. Wie sie genau aussah, wissen wir nicht, gut befestigt muss sie aber gewesen sein. 1460 wurde hier auf jeden Fall die sogenannte „Tapfere Verbesserung" zum bekannten Vertrag von Ribe/Ripen geschlossen.

Bekannt sind die Ansichten des Mitte des 16. Jahrhunderts errichteten Neubaus, welcher durch zahlreiche Umbauten (z.B. im 17. Jahrhundert durch Pelli) und den Brand von 1838 sein Aussehen stark veränderte.

1900

Von 1721 bis 1773 diente das Schloss als Residenz des Gottorfer Herzogpaares. Nach der Einrichtung des Gesamtstaates wurde es durch die Universität und andere Institutionen, aber auch als Residenz genutzt.
Ins 18. Jahrhundert fällt die Neugestaltung des Ostflügels durch Sonnin, wodurch der Renaissance-Charakter der Anlage weitgehend verloren ging. 1887/88 wurden der Herzog-Adolf-Bau, der Ostflügel sowie der Pelli-Bau (fälschlich auch als Rantzau-Bau bekannt) instand gesetzt. Hausherr wurde bis 1918 Prinz Heinrich von Preußen. Anschließend diente das Schloss der Verwaltung sowie als Landesbibliothek.

Der Neubau des Ostflügels nach dem Entwurf der Architekten Sprotte und Neve, die - wie schon die Menschen in den Jahrhunderten zuvor – den Aufbau im Stile der jeweiligen Zeit angingen. Bemerkenswert der durch Aufschüttungen mit Kriegsschutt entstandene Landstreifen, der u. a. Teile des Ostsee-Kais umfasst

2009

Durch einen weiteren Brand im Jahre 1938 sowie den Luftangriff am 4. Januar 1944 wurden vor allem der Ostflügel und der Verbindungstrakt zum Pelli-Bau schwer beschädigt. Der Pelli-Bau konnte erhalten werden, die übrigen Teile wurden 1961 bis 1963 unter Verwendung des Granitsockels aus der Renaissance modern neu aufgebaut. Seit der Privatisierung des Schlosses im Jahre 2003 wird über die Zukunft des Gebäudes diskutiert. Im Zentrum der Diskussion steht der Vorschlag des Architekten E. Kettner, dem Ostflügel durch den Umbau des Daches mit modernen Materialien wieder etwas vom Gesicht des Renaissance-Baus zurückzugeben.

Seegarten

Das Restaurant „Seegarten“ von 1889. Viel Grün, Wasser, Hafendampfer und Segelboote bestimmen das Bild – typischer konnte man Kiel damals nicht darstellen

Seegarten 1936: mehr Aufmarschplatz als Gartenlokal. Die Bucht dahinter wurde nach 1945 mit Trümmerschutt aufgefüllt und diente Ende der 1950er Jahre als Grundlage für den Oslo-Kai

1895 und früher

Ursprünglich lagen südöstlich des Kieler Schlosses an der Innenförde die Werften Reuter & Ihms und Conradi, deren wirtschaftlicher Erfolg ohnehin nicht mehr sehr bedeutend war. Eigentlich zu schade für Industrieansiedlungen, sagten sich auch die Stadtoberen um 1890, und trafen in der Zeit des Aufbruchs bezüglich eines der Filetstücke des Altstadtufers eine sinnvolle Entscheidung: Die Stadt errichtete eine Gaststätte inmitten eines wunderschönen Parks, dazu mehrere Anlegebrücken für Hafendampfer.

1936

40 Jahre später zerstörten die Nazis ein unvergleichliches Stück Alt-Kiel, ohne dass eine Bombe fallen musste: Der Seegarten behielt zwar seinen Namen, wurde aber umgebaut zu einem öden, leeren, gepflasterten Platz. Anlass waren die Olympischen Segelwettbewerbe 1936. Als Schmuck bekam der Platz kurzfristig eine Weltkugel auf einem aus lackiertem Sperrholz gefertigten Sockel und den von Alwin Blaue entworfenen Uhrenturm aus Granitquadern mit maritimen Motiven. Immerhin waren die Anleger erhalten geblieben.

Heute ist der Seegarten-Platz weitgehend Teil des Ostsee-Kais. Hier erfolgt der größte Teil der über 135 Abfahrten von Kreuzfahrerschiffen jährlich mit 350 000 Passagieren (Stand 2010)

Als Ende der 1960er Jahre mehrere Fährlinien ab Oslo-Kai fuhren, musste der Seegarten-Platz für Wartespuren der PKWs genutzt werden

2010

Von 1961 bis 2003 diente der Oslo-Kai als Terminal für Fähren nach Oslo, Göteborg und nach verschiedenen Häfen in Dänemark. Schritt für Schritt wurden die kleinen Linien nach dänischen Häfen wieder eingestellt. Dann zog die Stena-Line an die Bollhörn, die Color-Line an den neuen Norwegen-Kai am Ostufer der Hörn. Schließlich (2003) gab die Linie Kiel–Bagenkop auf. Das Gelände wurde Parkplatz. Seit den Umbauten 2006/07 befindet sich hier Europas modernstes Kreuzfahrt-Terminal.

Drei Anläufe zu Demokratie und Rechtsstaat

In den vorangegangenen Kapiteln ging es in erster Linie um den Blick auf Gebäude, um die Straßen und Plätze, an denen die Gebäude standen und stehen. Doch Gebäude, Straßen und Plätze sind gemacht für Menschen, und Menschen stehen für Handlungen und Ereignisse. So erinnert uns z. B. das Alte Kieler Rathaus am Markt an die wiederholten Versuche der Menschen dieser Stadt und dieses Landes, das Leben dauerhaft gerechter und erträglicher zu machen. Dabei fällt auf, dass sich diese Ereignisse in ähnlichem zeitlichen Rhythmus, in einem dreifachem Anlauf, einstellten, ähnlich wie Kiel sein Aussehen veränderte. Die ersten beiden Anläufe zu Demokratie und Rechtsstaat (1848 die Erhebung Schleswig-Holsteins und 1918 die von hier ausgehende Revolution), kamen vielleicht zu früh und führten erst nach 1945, nach Ablauf eines knappen Jahrhunderts, zu bleibendem Erfolg.

Gemälde des Kieler Malers Hans Olde des Älteren: die provisorische Regierung der Herzogtümer vor dem alten Kieler Rathaus 1848. Das Gemälde entstand über 60 Jahre später und zeigt die damalige Situation aus der Sicht der Zeit des Kaiserreiches, d. h. es wird nicht deutlich, dass es 1848 auch und besonders um die Rechte und Freiheiten der Bürger ging

Uwe Jens Lornsen verfasste eine 1830 in Kiel vorgestellte und für die damalige Zeit bemerkenswerte Verfassung für die Stellung Schleswigholsteins (damalige Schreibweise) ınnerhalb des dänischen Gesamtstaates. Die Idee scheiterte, Lornsen mußte 1831/32 in Festungshaft und nahm sich 1838 in der Schweiz das Leben.

1848

Seit 1460 waren auf Beschluss der Ritterschaft die schon länger bestehenden Lehen Schleswig und Holstein in Personalunion mit dem Königreich Dänemark verbunden. Nachdem zwischen 1490 und 1773 die beiden Herzogtümer immer wieder in viele kleinere Herzogtümer aufgeteilt waren, wurde 1773 der dänische König wieder Herzog für ganz Schleswig-Holstein. 1848 kam es wegen der Stellung Schleswigs im dänischen Gesamtstaat zur Schleswig-Holsteinischen Erhebung (dän.: Treårskrigen). Mit der Verweigerung der Unterstützung durch den Deutschen Bund, vor allem Preußen, scheiterte 1851 die Trennung Schleswig-Holsteins vom dänischen Gesamtstaat. Auch die Entsendung von Truppen des Deutschen Bundes 1864 in Folge von Unruhen wegen Einverleibungsversuchen Schleswigs durch die dänische Führung sowie das Eingreifen von Truppen Preußens und Österreichs führten nicht zu einer wirklichen Befreiung der Herzogtümer, sondern zur preußischen Annexion im Jahr 1867.

Demonstrationen auf dem Markt in Kiel gegen die Trennung Schleswigs von Holstein 1863 (Ansichtskarte einer Serie Alt-Kiel)

1867 bis 1918

Die anfängliche erbitterte Ablehnung der preußischen Herrschaft im Land änderte sich in den folgenden Jahrzehnten bei weiten Kreisen der Bevölkerung in wohlwollende Akzeptanz, was sich auch in den Wahlergebnissen niederschlug. Im Laufe des 1. Weltkrieges schlug die Stimmung jedoch erneut um und - zusammen mit meuternden Matrosen – brach in Kiel (zum 2. Mal nach 1848) wieder eine Revolution aus. Diese war diesmal erfolgreicher und bedeutete das Ende der Monarchien in Deutschland.

Demonstrierende Arbeiter und Soldaten 1918 auf dem Kieler Wilhelmsplatz, später Platz der Republik, heute wieder Wilhelmsplatz

1933 bis 1945

Nachdem der verlorene Krieg 1920 zur endgültigen Teilung Schleswigs führte, änderte sich die Stimmung vieler Bürger im Lande zugunsten der Rechtsradikalen. Wie 1848 stand das altehrwürdige Kieler Rathaus am Markt im Zentrum der Politik. Doch ging es diesmal nicht für Schleswig-Holsteins Freiheit und Einheit, sondern gegen Demokratie und Rechtsstaatlichkeit, für Diktatur, für Gleichschaltung, Kriegsvorbereitungen und Massenmord. Am Ende standen Zusammenbruch, Besatzung, aber auch Befreiung von einem verbrecherischen Regime.

Fackelzug der braunen Horden durch die Holstenstraße und über den Markt am 2. Februar 1933 (Sammelbild Mitte der 1930er Jahre)

Während vor 100 Jahren das Standbild eines preußischen Herrschers das Gelände der Marineakademie schmückte, steht heute nicht weit entfernt vor der Staatskanzlei statt eines gekrönten Hauptes die Skulptur eines Springpferdes. Sein Schöpfer, der Kieler Bildhauer Hans Kock, wies zu Lebzeiten gerne auf die alten demokratischen Traditionen Schleswig-Holsteins hin

1946

1946 erlangte Schleswig-Holstein mit der Zerschlagung Preußens durch die Besatzungsmacht seine Eigenstaatlichkeit wieder: mit eigener Verfassung, eigener Regierung und eigenem Parlament in der einstigen kaiserlichen Marineakademie. Dazu Kiel als Landeshauptstadt, das Schleswig-Holstein-Lied als Hymne und die blau-weiß-rote Flagge aus den 1840er Jahren. Möge der dritte Anlauf zu einem einigen demokratischen Land Schleswig-Holstein ein endgültiger Schlussstrich sein unter die Streitigkeiten um Schleswig, das Hin und Her zwischen Demokratie und Diktaturen, zwischen Kriegen und Frieden.

2010

Wie schwer sich viele Kieler mit der Vergangenheit tun, zeigen die bis heute anhaltenden Auseinandersetzungen um die Geschichte des Landes. Heute geht es dabei weniger um Minderheiten oder Sprachenprobleme. Vielmehr tun sich noch immer viele Kieler schwer, stolz darauf zu sein, dass in ihrer Stadt entscheidende Schritte in Richtung auf ein demokratisches Deutschland getan wurden, demokratische Bemühungen bis zum Anfang des 19. Jahrhunderts zurückreichen. Immerhin raffte man sich rund 60 Jahre nach der Revolution 1918 zu einem Denkmal dafür auf.

1978/82 entstand das Revolutionsdenkmal „Wik" von Hans-Jürgen Breuste am Kleinen Kiel am Rande der Altstadt: Von manchem gründlich missverstanden, ist es von vielen ungeliebt

Weitere Bände über Kiel

Weißt du noch?
Sonnabends war Badetag ...
und sonntags ging's
ins Schwentinetal
Geschichten und Anekdoten aus
dem Kiel der 50er Jahre
von Hannelore Pieper-Wöhlk – Dieter Wöhlk
88 Seiten, geb. zahlr. S-W-Fotos
ISBN 978-3-937924-88-5

Weißt du noch?
Lange Haare, kurze Röcke,
Rockmusik im Star Palast, die 68er ...
... und Olympia 1972
Geschichten und Anekdoten aus
dem Kiel der 60er und 70er Jahre
von Hannelore Pieper-Wöhlk – Dieter Wöhlk
88 Seiten, geb. zahlr. S-W-Fotos
ISBN 978-3-937924-89-2

333 Kieler Wochen
... und ein bisschen Freiheit
Jugendzeit im Kiel
der 50er Jahre
von Fritz-Dieter Köpcke
88 Seiten, geb. zahlr. S-W-Fotos
ISBN 978-3-941499-51-5

Unsere Verlagsbestseller! Ein sehr persönliches Buchgeschenk

Oh je, wie doch die Zeit vergeht!
Geboren in den 20ern
von Geo Kaef
80 S., gebunden, zahlr. S-W-Fotos
(ISBN 3-937924-19-1)

Oh je, wie doch die Zeit vergeht!
Geboren in den 30ern
von Jochen A. Veeser
80 S., gebunden, zahlr. S-W-Fotos
(ISBN 3-937924-20-5)

Oh je, wie doch die Zeit vergeht!
Geboren in den 40ern
von Wolfgang Rudolph
80 S., gebunden, zahlr. S-W-Fotos
(ISBN 3-937924-21-3)

Oh je, wie doch die Zeit vergeht!
Geboren in den 50ern
von Günther Klugermann
80 S., gebunden, zahlr. S-W-Fotos
(ISBN 3-937924-22-1)

Oh je, wie doch die Zeit vergeht!
Geboren in den 60ern
von Andreas B.Krause
80 S., gebunden, zahlr. S-W-Fotos
(ISBN 978-3-937924-69-4)